你不可不知的

NI BUKE BUZHI DE SHIWAN GE KEXUE ZHI MI

十万个科学之谜

禹田 编著

云南出版集团 晨光出版社

前言
PREFACE

　　在这个充满谜团的世界上，有许多知识是我们必须了解和掌握的。这些知识将告诉我们，我们生活在怎样一个变幻万千的世界里。从浩瀚神秘的宇宙到绚丽多姿的地球，从远古生命的诞生到恐龙的兴盛与衰亡，从奇趣无穷的动植物王国的崛起到人类——这种高级动物成为地球的主宰，地球经历了沧海桑田，惊天巨变，而人类也从钻木取火、刀耕火种逐步迈向机械化、自动化、数字化。社会每向前迈进一小步，都伴随着知识的更迭和进步。社会继续往前发展，知识聚沙成塔、汇流成河，其间的秘密该如何洞悉？到了科学普及的今天，又该如何运用慧眼去捕捉智慧的灵光、缔造新的辉煌？武器作为科技发展的伴生物，在人类追求和平的进程中经历了怎样的发展变化？它的未来将何

去何从？谜团萦绕，唯有阅读可以拨云见日。

这套定位于探索求知的系列图书，按知识类别分为宇宙、地球、生命、恐龙、动物、人体、科学、兵器 8 册，每册书内又分设了众多不同知识主题的章节，结构清晰，内容翔实完备。另外，全套书均采用了问答式的百科解答形式，并配以生动真切的实景图片，可为你详尽解答那些令你欲知而又不明的疑惑。

当然，知识王国里隐藏的秘密远不止于此，但探索的征程却会因为你的阅读参与而起航。下面，快快进入美妙的阅读求知之旅吧，让你的大脑来个知识大丰收！

目 录
CONTENTS

第一章
身边的科学

第二章
现代科技

第一章

身边的科学

　　当你把好奇探寻的目光锁定在身边那些熟悉得不能再熟悉的现象或事物上时，恭喜你，你已经找到了一种科学有效的求知方法。也许你提出的问题看起来有点"傻"，但科学家会告诉你："世上没有傻问题！"这就是科学，当你探索它的时候，会发现它披着形形色色的外衣，神秘而不可见；而一旦揭去那些伪装，你会发现，科学是美丽的，科学是诱人的，科学也是无处不在的。

1 地球为什么成了一个扁球?

地球并非是浑圆的,而是一个极直径短、赤道直径长的扁球。造成地球这个形状的原因是自转。地球自转时,地球上每一部分都受到惯性离心力的作用,因而都具有一种离开地轴(自转轴)向外跑的惯性。理论证明,地球上各部分所受惯性离心力的大小,与它离开地轴的距离成正比,也就是说离轴越远,惯性离心力越大。赤道部分离地轴最远,受到的惯性离心力最大,所以天长日久这一部分便鼓了出来,使地球逐渐变成了扁球状。

2 科学家用什么办法来测算岩石的年龄？

在自然界，有许多元素能够放射出看不见的射线，它们被称为放射性元素。它们在放出射线的同时会失掉某些微粒，进而转变为另一种元素，这一过程叫衰变。衰变的速度常用半衰期（放射性元素衰变至原来数量的一半时所需的时间）来表示。科学家通过测定岩石中放射性元素和它衰变后产生的元素的量，再结合放射性元素的半衰期，就可以计算出岩石的年龄了。

3 为什么一件物品在地球上不同的地方称重量会变化？

物体的重量是由地球对它的吸引力产生的。同时，地球对一个物体的吸引力，是随着这个物体离地心的远近而变化的。一件物品的重量，在高山上称比在平地上称轻，在赤道上称比在两极地区称轻。如果用火箭把物品运到卫星飞行的高空，那么物品就几乎没有重量了。但是无论在哪里称，物品本身的质量都不会发生变化。

4 为什么说空气不"空"？

空气无色无味又透明，看着好像什么也没有，实际上它也是物质，是真实存在的，所以不能想当然地说它是"空"的。其实，空气是一种混合物，成分很复杂，主要为氮气和氧气，还有极少量的氦、氖、氩、氪、氙等稀有气体，以及水蒸气、二氧化碳和尘埃等。

5 空气有多重？

空气跟其他物体比起来是很轻的。例如，1 立方米水的重量是 1000 千克，而 1 立方米的空气仅有 1.293 千克重。由于地球表面任意区域的气压均是由该区域上方气柱的重量产生的，因此利用大气压，可以计算整个大气层中空气的重量。地球的表面积大约是 510 万亿平方米，大气压按每平方厘米 1 千克计算，每平方米上的大气压就是 10 吨，这样作用于整个地球表面的大气压约为 5100 万亿吨，也是大气中整个空气的重量。

6 大气为什么会有气压？

构成大气的空气是有一定重量的，它们在地球引力的作用下被"吸"向地球。这个力就好像一只无形的手，在不断地挤压空气；而空气中的分子也不是好"惹"的，它们为了抵抗这个力，彼此之间推来挤去，就形成了压力，于是气压就出现了。气象学上的气压，是指单位面积上所受大气柱的重量（大气压强），也就是大气柱在单位面积上所施加的压力。

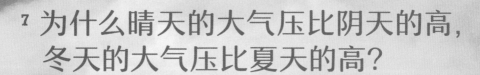

7 为什么晴天的大气压比阴天的高，冬天的大气压比夏天的高？

影响大气压的主要因素是湿度和温度。阴天大气的湿度比较大，即含水分较多。干空气分子要比水汽分子重，密度也比水汽的大。这样一来，湿度小的空气产生的大气压就高，因此，晴天的大气压比阴天的高。另一方面，温度高，空气膨胀，密度降低，大气压就低，反之就高。因此，夏天的大气压不如冬天的高。

8 为什么阴天人会感到胸闷？

我们在阴天感到胸闷，是因为阴天大气压低的缘故。我们在呼吸时需要扩张胸部，让肺部的气压小于外界气压，产生压力差，这样空气才能进入肺部。大气压低时，我们要把胸部扩得很大，来产生这种压差。这样呼吸很吃力，会产生压迫胸口的感觉，因此人会感到胸闷。

9 为什么刮风的天气会很冷？

风是空气对流产生的，而对流又是热传递的过程之一。在刮风的天气里，人身体上和身边的暖空气经风一吹便跑掉了，取而代之的是从别处来的冷空气。风越大，被风吹散的暖空气越多，被带走的热量也就越多，因此在这样的天气里，人会感到比没风时冷。

10 雷雨后为什么空气格外清新？

雷雨天气后，空气会变得格外清新，说起其中的原因，大致有两个：一是雷雨将空气中的尘埃等杂质全都冲洗掉了，使空气变清洁了；二是闪电使空气中的一小部分氧气变成了臭氧，而稀薄的臭氧非但没有怪味，还可以杀菌，净化空气，给人一种清新的感觉。

6

11 为什么流星可以用于通信？

流星每次燃烧都会留下一条长长的"尾巴"。这条由电离气体组成的流星尾，可以像镜子一样，把从地面传送来的短波信号迅速反射到几百千米外的地面上，好像手电筒光束那样扩展开，覆盖一大片区域。设在那里的地面站收到信号后，可以立即发射出回答信号。这叫流星余迹通信，可以大大节省通信资源。

12 为什么海拔越高气温越低？

地球表面的热量来自于太阳光。照理说海拔越高，离太阳越近，气温应该越高才是，可实际情况却恰恰相反。原来，大气在垂直方向上的密度并不是均衡的，而是近地面附近密度大，海拔越高则越稀薄。大气中的二氧化碳、水汽等物质会吸收阳光的热量，另外地面也反射部分热量到空气中，从而使大气增温。海拔升高后，空气变稀薄，吸热物质减少，再加上离地面又远，地面反射的热量有限，所以气温就低了很多。通常，海拔每升高 1 千米，气温会下降大约 6℃。

在位于赤道附近的乞力马扎罗山上，从山麓到山顶可以见到赤道和两极的景色，这都是海拔气温差异造成的。

13 为什么水总往低处流？

自然界的万物都要受地球引力的作用，这个力作用在地面附近时就被称为重力，方向指向地心。水是液体，可以四处流动，因此当它在高低不平的地面上流动时，倾斜面会对它产生一个支持力，这个力与它自身所受的重力共同作用，会形成一个方向沿着倾斜面向下的合力。在这个合力的作用下，水只能往低处流，而不会跑到高处去。

14 为什么河水总是先从水面开始结冰？

冬季，河水的表面直接和外界的冷空气相接触，当外界的温度降到0℃以下时，水的表面就开始结冰了。水结冰后体积会变大，要增大十分之一左右，密度就变得比水小。密度比水小的物体会浮在水上，冰也不例外。因此，无论怎样，冰都会浮在水面上，出现水面先结冰的现象。

15 为什么井水冬暖夏凉?

其实，井水并不是冬暖夏凉的，如果你测量一下就会发现，井水的温度一年四季都差不多，问题出在人的主观感受上。井水是由地下水汇集而来的，而地下水分布在地表以下，不受地面上温度变化的影响，因而四季水温不会发生大的变化。因此，当冬天气温很低时，我们就会感觉井水比较温暖；而到了夏天气温很高时，我们又会觉得井水凉快。

16 为什么雨滴落入池塘里会激起涟漪?

水有一个奇特的性质，那就是具有表面张力，这个力使水面好像覆了一层弹性薄膜似的。雨滴落入水中后，会对水产生一个冲击力，使入水处的水面一上一下振动，而入水处的水因为具有表面张力，就会牵拉邻近的水面，这样一个带一个，依次将振动传出去，就形成了一圈紧挨一圈的涟漪，一直传到远方。

17 为什么江河中会出现漩涡？

在江河中，漩涡并非处处都有，有些漩涡出现在桥梁的桥墩附近以及冒出水面的礁石旁边。在流淌很急的水流中，由于一部分水流被桥墩或礁石挡住去路，被迫退回来，但后面涌上来的水流照常向前流，会把被迫退回来的那部分水流带着一起前进，但它们流到前面又被桥墩或礁石挡回来，像这样进而又退的水流只能在被挡住去路的地方打转，于是出现了漩涡。此外，在江河水道急转弯的地方，也会出现漩涡。那是因为河道急转弯会迫使近岸水流转弯，这样就冲击了内侧水流，将内侧水流挤了回去，另一部分水流过来填补，就形成了漩涡。

18 为什么小溪流水潺潺作响？

小溪水从高处流下时，会裹入一些空气，在水里形成许多小气泡。当溪水冲刷到石块或凹凸不平的地方时，这些小气泡会因为撞击而破裂，从而发出声响。另外，小溪水的冲击还会引起空气振动，制造出响声。这些轻微的响声在山谷里回荡，便形成了不绝于耳的潺潺水声。

19 为什么海水是蓝色的，浪花却是白色的？

其实，海水既不是蓝色的，也不是白色的，而是无色透明的。大海和浪花的颜色是太阳光作用的结果。海水会大量吸收阳光中的红、橙、黄光，却在不断散射和反射其中的蓝、紫光，所以大海看上去总是碧蓝的，而浪花的情况就不同了。浪花主要是由泡沫和一些小水珠组成的，光线照在它们上面除了发生反射，又发生了多次折射，使浪花在我们肉眼看来就变成了光的自然色——白色。

20 为什么人不能直接潜入深海？

沉入水中的物体，都会受到水的压力，这个压力与水的深度成正比。通常，水深每增加 10 米，水压就增加 98 千帕，也就是说在每一平方厘米的面积上，要增加 9.8 牛顿的压力。人如果往深处下潜，到一定深度后，他的身体就会因为受压过大而出现潜水病的症状，严重的还会死亡。因此，潜水员的潜水深度一般都控制在 300 米以内。

11

21 为什么海冰含盐量低？

海冰即海水结出的冰，它有一个特点，就是所含的盐度比海水要低得多。海冰年代越久，冰中的盐分就越少，年代久远的海冰融化后甚至能饮用。冰是一种晶体，不能和其他物质共处。因此，水在结晶过程中会自动排除杂质，以保持冰的纯净。至于海冰中为什么还含有少量的盐，原因是结冰过程往往较快，会使一些盐分以"盐泡"的方式保存在冰晶之间；另外，冰晶外壁也会黏附上一些盐分。

22 为什么没有两片完全一样的雪花？

雪花的基本形状是六角形，但是大自然中几乎找不出两片完全相同的雪花，就像地球上找不出两个完全相同的人一样。学者们用显微镜观测过成千上万朵雪花，结果声称，形状、大小完全相同和各部分完全对称的雪花，在自然界中是无法形成的。因为雪花周围大气里的水汽含量不可能在各个方面都一样，只要稍有差异，水汽含量多的一面总是要增长得快一些，所以无法形成完全一样的雪花。

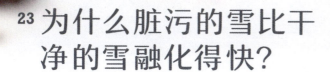

23 为什么脏污的雪比干净的雪融化得快？

干净的雪和脏污的雪都是雪，但是脏污的雪却更容易融化。这是因为干净的雪反光能力比较强，所以吸收的热量就少；而脏污的雪更容易吸收热量，热量越多就越容易融化。

24 为什么下雪不冷融雪冷？

那是因为下雪的时候天上有云层，它阻止了空气的大幅度流动，也减少了地面辐射热量的散失，因此不会感觉到明显的降温。而到了大规模融雪的时候，天气往往晴朗，而且还常常伴有干冷的风，这样的天气本身就冷，再加上冰雪从固态转变成液态时需要从空气中吸收热量，这就导致气温较正常情况下有所下降，因此会令人感觉倍加寒冷。

25 为什么雪球会越滚越大？

这不是因为雪有黏附力，而是冰雪的熔点在压力的作用下发生了改变而造成的。当我们把松散的雪团压紧时，就等于加大了雪片之间的压力，熔点因此下降，雪融化成水；当所施加的压力消失后，水又重新结成冰。雪球在雪地上滚动时，由于雪片被压着的部分不断融化又重新结冰，就和雪球结合在一起。这样不断翻滚，雪球联结的雪片越来越多，也就越变越大了。

26 沙漠里的沙为什么会堆成波浪形？

有风的海面是波浪形的，没有风的海面是平静的，像一面镜子。同样，沙漠里的沙会堆成波浪形也是风的杰作。沙漠里风很多，而且因为缺少阻挡物，力量还很大。一阵大风吹过沙漠，能带走无数的沙粒。当风力减弱时，沙粒又重新落下，堆积在地面上。由于风吹起的沙粒有轻有重，且风力也时大时小，于是沙粒的聚集地点也是时近时远，积聚的沙粒也是时多时少。这样，大小不一的沙粒经风力搬运，有的先落下，有的后落下，堆积层便出现了规律性的弧形，一个个"波浪"就这样被制造出来了。

27 自然界的雷电与人工摩擦产生的静电一样吗？

从原理上讲，自然界的雷电与人工摩擦产生的静电是一样的。夏季，高空中有好多云团在不断运动，云团交错运动、相互摩擦，从而产生大量电荷，形成电场。由于同种电荷互相排斥，所以正电荷与负电荷分别聚集在云的两端。当积云所带的电达到一定程度时，它就会穿过空气放电，使正负两种电荷发生中和并产生火花，这便是雷电现象。因为空气的电阻不均匀，所以电前进的轨迹大多是曲折的，形成像树枝一样的光带，这就是闪电，而雷声则是放电使空气振动发出声音。

28 为什么闪电持续的时间比雷鸣持续的时间短？

闪电发出的光在瞬间产生，但转瞬就消失了，不是持续发光，而且光速很快，一下就能传播到极远的地方，因此我们看到它的时间极短；而雷声是空气振动产生的，它以声波的形式在空中传播，会被云层反复反射，因此听起来就仿佛持续了很久。

29 水滴为什么是球状的？

液体表面存在表面张力，它能使不受外力作用的液面弯成曲面。对于一定体积的物体而言，球的表面积最小。所以，水滴中的水分子总是尽量靠拢，使表面积缩小，这样水滴就变成了球状。

30 为什么蜂房都是六边形的？

仔细观察蜂巢，你就会发现，蜂房是由一系列截面呈六边形的小蜂窝构成的。蜂房的这一构造可谓是经济实惠又巧夺天工。如果蜂巢呈圆形或八边形就会出现空隙；如果是三角形或四边形，则面积会减小。所以，在这些形状中，只有六边形既能实现空间最大化，又能节省材料。另外，从力学角度来看，六边形是最致密的结构，在各个方向上受力大小均等，且容易将力分散，因此大大提高了蜂房的强度。现在，蜂窝这种六边形的构造，已被广泛应用于建筑、航空等领域。

31 为什么车轮是圆形的?

将车轮做成圆形的,车轴安在圆心上,这样车轮在地面上滚动时,车轴到地面的距离始终保持不变,车行进起来就不会颠簸。另外,由于车轮是滚动前进的,从物理学上来讲,滚动产生的摩擦力比拖着车滑动产生的摩擦力要小得多,这样可以省许多力。好处这么多,车轮当然就非圆形莫属了!

32 有没有不是圆形的轮子?

在我们的生活中,的确有一些非圆形的轮子,只不过它们通常都具有特殊的用途。在自动化生产中,常用到一种叫"凸轮"的零件,轮周上各点到轴心的距离并不是相同的。如果在它的边上紧靠着一个机件,那么凸轮在转动时,先将机件外推,然后又把它收拢,这样不断重复,就可以自动控制某个动作了。

| 机床上的凸轮零件

33 为什么装液体的容器大多是圆柱形的?

我们都知道在几何图形中,当面积相同时,正三角形的周长最长,正方形的周长较小,圆的周长最小。所以,当容器的高度一样时,侧面所需的材料就以圆柱形的最节省。而且,由于容器要装的是可以流动的液体,采用圆柱形还方便运输,必要时可以滚着走,搬上搬下很方便。

圆柱形是所有几何形体中最适合做容器用的。

34 为什么河堤要筑成上窄下宽的式样?

这么做是为了让堤坝更加坚固。堤坝建筑除了受到自身的重力作用外,还会受到河水水平方向的冲击力,这两个力同时作用产生的合力是斜向下的,很影响堤坝的稳固。把河堤修成上窄下宽的梯形状,不仅节约了材料,还使合力不致越过河堤底部,这样能令河堤更牢固。

35 铁拉闸门为什么轻轻一推拉就能展开或收拢？

　　这是因为铁拉闸门在设计上采用了许多菱形或平行四边形的构造物。四边形有一个与三角形正好相反的性质——不稳定性，即四边形四条边的长度固定时，它的形状却不固定。像方盒子、方木框在受挤压时很容易倾倒变形或损坏，都是这个原因造成的。推拉操作时，铁拉闸门是通过改变每个小四边形的形状，来实现伸缩的。

36 为什么用形状完全相同的任意四边形木料能铺出整屋的地板？

　　由于四边形的内角之和是 360°，所以用 4 块形状完全相同的任意四边形，就可以在一个公共顶点上铺设出 4 个角之和等于 360° 的平面，而且没有空隙。用这样的木料一直铺下去，完全可以铺出一整屋的地板。

37 放大镜为什么不能把角放大？

一个角是由两条有公共端点的射线构成的，角度的大小就由这两条射线的位置，即张开的程度决定。角经放大镜放大以后，这两条射线的粗细和长短被放大了，但因为位置没变，即张开的程度不会改变，所以角度仍旧不变。这就好像数学上的相似图形，尽管图形大小不一样，但对应的角却是大小相等的。

38 为什么人影有时长有时短？

夜晚在路灯下行走，你会发现留在地上的影子有时很长，有时又很短。对于同一个路灯，你离路灯越近，影子就越短；离路灯越远，影子就越长。影子的长短由通过你头顶的光与地面的夹角决定，夹角越大影子越短，夹角越小影子越长。如果人或物在阳光下不动，由于太阳的位置不断变化，那么影子除了长度变化外，方向也会发生改变。古老的日晷就是利用这种光影变化来计时的。

39 空气中的氮气有什么用？

空气中含量最多的气体不是氧气，而是氮气。氮气无色、无味，性质稳定，既不能用于呼吸，也不参与燃烧。然而，氮气对我们很有用，并且用途很广泛。例如，灯泡中充有氮气，以减缓钨丝的挥发；水银温度计内充有氮气，以保障水银在高温时不沸腾，防止氧化；粮仓里充入氮气，可以延长粮食的保存时长；汽车的车胎内充有氮气，可以减少爆胎，提高安全性。

40 "干冰"是冰吗？

干冰不是冰，因为它不是由水凝结而成的，而是由二氧化碳气体凝华而成的。二氧化碳气体在一定的压力和温度下会直接凝华为固体，就形成了干冰。干冰有一个特别的性质，就是在常温下并不会熔化成液体，而是直接变为二氧化碳气体，消失得无影无踪。因此，人们可以利用干冰来降温、制造烟雾效果等。

41 煤气和液化气是一回事吗？

煤气和液化气虽然都是气体燃料，却不是一回事。煤气是以煤为原料制造出来的，主要成分是一氧化碳和甲烷。煤气诞生在煤气厂里，然后通过煤气管道输送到各家各户。液化气的全称是"液化石油气"，它来自油田气——开采石油时产生的气体，或者炼厂气——炼油厂产生的气体。液化气的主要成分是丙烷和丁烷，它们在常温下是气体，受压时很容易就变成了液体，被贮存在液化气钢瓶内。

42 煤气为什么有臭味？

纯净的煤气本来是没有气味的，但由于用煤制造的煤气中含有微量的有机硫和苯，这两种东西很臭。另外煤气中的一氧化碳有毒，人吸入过量会中毒死亡，所以生产部门就将这些臭气保留在煤气中，有时甚至还额外添加硫醇之类的增臭剂，便于人们嗅到这种臭味，从而更早地发觉煤气泄漏，避免引起煤气中毒的事故。

43 火焰为什么总是向上的？

火焰向上是空气流动引起的。当物体燃烧时，火焰把四周的空气加热，由于热空气的密度比冷空气的小，所以热空气会上升，这时周围的冷空气就会补充过来。随着热空气上升，火焰就被气流带向了上方。

44 为什么木柴燃烧有火苗，木炭燃烧没有火苗？

　　火苗其实是能燃烧的气体在燃烧的现象。木柴虽然不是可以燃烧的气体，但是它一旦被火烧着，就会发生复杂的化学变化，很快释放出可燃的气体，这种气体又随之燃烧起来，便形成了火苗。木炭燃烧时无火苗，是因为木炭是由木柴经高温处理后生成的，其中的可燃气体都被处理掉了，因此，木炭在燃烧时便不会产生火苗了。

45 为什么燃烧形成的烟颜色有差异？

　　烟是物质燃烧时所产生的气状混合物，由气体、液体、固体三类物质混合而成，其中固体物质主要是黑色的炭粒。我们平常看到的烟有的是黑色的，有的是黄色的，有的是白色的。燃料燃烧充分时，产生的炭粒少，烟就轻而淡；燃料燃烧不充分时，产生的炭粒数量多，炭粒是黑色，所以烟就成了黑色的；若燃料含硫量大，那么它产生的烟就是黄色的；燃料燃烧产生的水汽较重时，水汽遇冷凝结，烟看起来就是白色的。

46 火柴为什么一划就着?

先说一下火柴的构造。火柴头上主要含有氯酸钾、二氧化锰、硫黄和玻璃粉等。火柴杆上涂有少量的石蜡。火柴盒两边的摩擦层是由红磷和玻璃粉调和而成的。火柴一划就着的关键是红磷的着火点比较低,只要稍微有一点儿热量,也就是摩擦产生的热,便可使红磷的温度升高到着火点以上。红磷开始燃烧,就起到了引火的作用。

47 为什么打火机能打出火来?

打火机里有一个储气槽,里面存放着液化的丁烷燃料。当用手按下开关时,阀门被打开,丁烷汽化逸出。与此同时,与开关连接的电子打火器(内装压电陶瓷,可以随压力产生电压)产生火花,将丁烷气体点燃。而老式的火石打火机的点火器是个砂轮,砂轮在转动时会摩擦安装在砂轮底下的火石,产生火花,点燃丁烷气体。

48 冰能用来取火吗？

我们都知道凸透镜，它是中间厚、边缘薄的透明镜片。将凸透镜迎着太阳光，再在它的焦点处放上纸张等易燃物，这些易燃物很快就会被点燃。原来，凸透镜除了能放大图像之外，还可以聚焦，即将太阳的能量聚在一点产生高温，使易燃物燃烧。冰也是透明物，如果将它打磨成凸透镜的形状，那么它也可以像凸透镜那样用来取火。

49 为什么水不能燃烧？

燃烧是物质和氧气剧烈化合的一个过程。水是由氢、氧两种元素组成的，也就是说，水是氢气燃烧以后的产物。既然是燃烧的产物，水当然也就没有了再与氧气结合的本领。也就是说，水不能再燃烧了。

50 水为什么能灭火？

我们都知道，物体燃烧是需要助燃气体的，比如空气中的氧气。水之所以能灭火，就是由于它能把燃烧的物体与空气隔开。水一碰到热的物体就会产生大量的水蒸气，这些水蒸气也能把燃烧的物体与空气隔绝。没有了空气，物体不能燃烧，火自然就灭了。

51 油着火后为什么不能用水灭？

纸或木头着火后可以用水扑救，因为水可以使燃烧物与空气隔绝，同时降低燃烧物的表面温度，从而达到灭火的目的。然而油着火后却不能用水灭，这是因为水的密度比油的大，如果用水来扑救，水会沉入油的底部，不仅无法阻隔油与空气的接触，甚至还有可能使油溢出容器，造成更大的损失和危害。

52 为什么水烧到沸点，温度就不再升高了？

正常气压下，水烧到将近100℃时就沸腾了。水沸腾时，尽管供热系统还在继续给水传热，但水的温度却不会再断续上升。原来，水沸腾后会汽化，源源不断地变成水蒸气逸出水壶，同时还会带走热量。平均每1克水分子汽化成水蒸气，会带走大约2000焦耳的热量。这样水里的热量就无法积聚，温度自然也就不会再升高了。

53 为什么加了盐的水不容易结冰？

通常，纯水在 0℃时会结冰，然而加了盐的水在同样的温度下却不会结冰。这是因为水溶解了某种物质后，水的凝固点会降低。如果水中含有 20% 的盐分，那它的凝固点就会降低到 –16℃，当然就不容易结冰了。在寒冬雪天，人们常用人工撒盐的办法来防止公路路面、机场跑道结冰。

54 为什么用吸管能把水吸上来？

大气时刻都在对地球上的事物产生压强。当吸管插入盛水的杯子时，吸管里外的水受到相同的大气压力，所以水不会上升；当我们将吸管中的空气吸走，吸管内就变空了，大气压减小，而吸管外的水所受的大气压没变，于是吸管内的水就会被由此产生的压差挤着往上跑，杯子里的水就沿着吸管到了我们嘴里。

55 毛玻璃淋上水后为什么变透明了?

毛玻璃之所以不透明,是由于它有一面是凹凸不平的,光线照射到这里后被这个面散射掉了,所以我们无法看到毛玻璃后面的东西。将水淋到毛玻璃的这个毛糙面上后,水就起了填平补缺的作用,使原本不平的表面变成了光滑的水面,这样光就能顺利透射过毛玻璃,使我们看到毛玻璃后面的事物了。等水干后,一切又会恢复成老样子。

56 阳光下水面反射到墙壁上的光斑为什么会动?

平静的水面就好像镜子,可以反射光线。水盆里的水也不例外,在阳光下水面会将光反射到墙上,形成一块明亮的光斑。不过有意思的是,这块光斑总是在动,它的秘密就在于:盆里的水面并不是完全静止的,而是会被风吹动,这样水面反射的光斑也就跟着在动了。

57 为什么滴在水面上的汽油会呈现出多彩的颜色？

　　滴在水面上的汽油，会形成一层薄薄的油膜。油膜虽薄，但也有正反面之分。照在油膜正面的阳光会被反射，而穿过油膜照在其背面的阳光也会被反射。由于油膜厚薄不均，所以两束反射光中不同频率的 7 种色光，有的被加强，有的被减弱，还有的干脆抵消掉了，于是油膜就呈现出斑斓的色彩了。

58 衣服沾水后颜色为什么会变深？

　　衣服在干燥时，反光性总比在沾水时好。衣服沾水后，射向衣服的光会被水滴折射，从而进入衣服里，而反射出来的光自然就少了。所以，沾水后的衣服颜色看起来就加深了。

59 为什么有些衣服会缩水？

羊毛衣物比较容易缩水，这是由于羊毛纤维上的鳞片层会运动，但由于正向运动和逆向运动的摩擦系数不同，导致纤维长短发生变化。棉布和人造棉也会缩水，这主要是由于它们的纤维分子的排列比较松散，分子间空隙较大，一旦有水分子进入，纤维就会横向发生膨胀，使纤维变粗，从而使衣物长度缩短。另外，有些织物在生产过程中因为受到拉伸或挤压而产生形变，洗涤时也会出现缩水现象。

60 新衣服为什么要洗了才能穿？

新买的衣服最好洗过再穿，这是因为工厂里刚生产出的新衣服通常都用染色剂做过化学处理，这种物质有一定的毒性，还会释放出甲醛等有害气体。如果新衣服不洗就穿，可能会引发呼吸道疾病或皮肤炎症，还会刺激眼睛。另外，即使是完全符合安全标准的新衣服，在运输和买卖的过程中也免不了沾上细菌和灰尘。所以，新衣服最好洗过后再穿。

61 羽绒服为什么特别保暖？

羽绒轻巧、柔软、蓬松，不易压缩成块。用厚厚的羽绒做羽绒服的夹层，就好像在衣服里安放了一个中空的囊袋，里面裹着大量的空气，而空气的导热性很差，再加上被封在里面不能进行热对流运动，所以它们可以阻止身体热量的散失，起到很好的保暖作用。

62 为什么合成纤维织物容易起毛球？

很多容易起毛球的织物都是用合成纤维制成的。合成纤维表面十分光滑，所以用它纺成的纱线，纤维之间的抱合力差。这样，衣物在穿着和清洗的过程中，纤维不断地被拉伸、摩擦，结果就使一些纤维的毛头露出织物表面。这些毛头扭结在一起，就会形成一个个细小、松软的绒球。

63 为什么湿袜子不容易脱下来？

干袜子本身比较松，对于脚的附着力很小，所以很容易脱下来。湿袜子中含有水分，水的表面张力会使袜子绷紧，而且水对于脚而言有一定的附着力，所以相比之下，袜子湿了以后就不那么容易脱下来了。

64 胶鞋为什么不宜在太阳下久晒？

橡胶制品用久了会出现老化的现象。橡胶鞋会变硬、变脆、开裂等，这是橡胶老化了的表现。日光和高温都会促使橡胶失去弹性和分子间的亲和力，导致老化现象发生，因而胶鞋不宜在太阳下久晒。另外，煤油、汽油等油类也会使橡胶分子变形，所以胶鞋应尽量避免接触这些物质。

65 给皮鞋打油为什么会越擦越亮？

皮鞋的表面是不光滑的，尤其是又脏又旧的皮鞋，它不能把光线向一定的方向反射，因此看起来就不亮。往鞋上涂抹鞋油，就是为了把油里微小的颗粒填进皮鞋表面的低洼处，再用布一擦，鞋面就变得光滑了，照射在它上面的光线更容易朝一个方向反射，这样皮鞋看上去就很光亮啦。

66 放久了的纸张为什么会发黄、变脆？

纸张的原材料是木材，纸张的韧性全靠木材中的纤维素来支撑。然而，这些进入纸张中的纤维素很容易与氧气结合，之后纤维素的韧性就会减弱，纸张就变脆了。至于变黄的原因，则是由于纸张在生产过程中需经过一道漂白的工序，用硫进行了处理，而放久了的纸张因为其中的硫被氧化，所以会发黄。

67 普通玻璃瓶为什么总带绿色？

普通玻璃之所以呈绿色，是因为制造玻璃的原料——沙子、苏打、石灰石中或多或少含有一些铁杂质，这样制出来的玻璃就总带着绿色。绿色玻璃最廉价，常用来制作盛酱油、墨水等物品的瓶子，它的绿色还可以防止物品因受阳光照射而变质。当然，如果往原料里加入硝酸钠、硝酸钾之类的氧化剂把铁氧化，或者干脆选用不含铁的原料，制出的玻璃就不会是绿色的，而是无色透明的。

68 变色镜为什么能变色?

　　变色镜的镜片很特殊,里面添加了一些含银的化合物,如氯化银、溴化银、碘化银等,变色是因为这些添加物的性质特殊,对光线相当敏感。这些含银化合物平常是透明的,当处于紫外线的照射下时,便分解为银原子及卤素。银原子不透明,使得镜片因透光性降低而变暗。停止紫外线照射后,银原子及卤素又会重新结合,使镜片恢复透明。

69 夜光表为什么能发光?

　　夜光表之所以能发光,是因为它的指针与表盘刻度上涂上了硫化锌或硫化钙。硫化锌和硫化钙在太阳或灯光的照射下能吸收一些能量,当离开光源后就会发出淡淡的光。由于它们的发光能力很弱,人们又往其中加入了一些能够提供能量的放射性物质,如碳14、硫35、锶90等,使它们的发光能力增强。

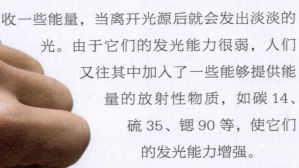

70 为什么烟火的颜色是五彩缤纷的?

烟火之所以能呈现五彩缤纷的颜色,主要是因为烟火球里装有发光剂与发色剂。发光剂是铝粉或镁粉,它们燃烧时可发出明亮的白色光芒;发色剂是烟火中的主角,由各种金属盐类充当,它们能在高温下发出各色的光芒,例如,硝酸钡能发出绿光,硝酸锶会发出红光,硫酸铜能发出蓝光,等等。燃放时发光剂与发色剂配合,天空中便出现了五彩缤纷的烟火。

71 为什么鞭炮点燃后会 "噼啪"作响?

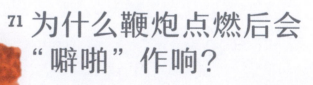

这要从鞭炮的结构入手。鞭炮外面包有一层红纸或其他颜色的纸,是用来装饰的,里面是厚厚的草纸,火药包在草纸里面。鞭炮的引线被点燃后,会迅速引燃里面的火药,瞬间产生大量的气体。气体急剧膨胀,将裹在外面的厚草纸层撑破,我们便会听到鞭炮"噼啪"作响的爆炸声。

72 为什么水滴落入热油锅内会发出爆破声？

通常，热油的温度很高，一般可达 200℃，远高于水的沸点。当水滴落入热油锅内时，由于水的密度比油的大，水会沉到油的下面。可是油温太高了，所以水滴马上又汽化了，变成了比油轻的水蒸气。水蒸气的泡泡则会向上冲出油面，发生爆破，使热油飞溅，同时产生响亮的爆破声。

73 脱毛衣时"噼啪"作响是怎么回事？

脱毛衣时听到的"噼啪"声，实际上是摩擦产生的静电发生了放电现象。我们白天穿着毛衣的时候，由于不停地运动，毛衣与衬衣、衬衣与身体间不断地摩擦，使得身体和衣服上都带上了电荷。脱毛衣时，这些正、负电荷中和，发生放电现象，于是我们就会听见"噼啪"的声音。

74 为什么夜晚听到的钟声分外清楚？

在有塔钟的城市，住在远郊的居民都有这样的体验：夜晚听到的钟声分外清楚。唐代诗人张继也曾写过"夜半钟声到客船"这一符合此现象的诗句。这其中的奥秘与声音传播原理有关。在温度均一的空气里，声波是笔直前进的，但当空气的温度有高有低时，它就会挑温度低的路线走，好像蛇一般弯曲而行。夜晚，地面的温度低，声波就沿着地面附近前进，于是远处的人们也能听到清晰的钟声。

75 夜间在小巷里行走为什么总像是有人跟着？

夜晚，一个人在小巷里行走，除了自己的脚步声外，还会听到"咯嗒咯嗒"的声音，好像有人跟踪似的。其实，这是由我们的脚步声在小巷里形成的回声造成的。夜晚不像白天那般人声嘈杂，人行走的脚步声在安静的环境中会被小巷两侧的墙壁来回反射，形成有些古怪的"咯嗒咯嗒"声，不明其中道理的人便误以为是有人跟着。

76 为什么挑担的人走路好像小跑？

人在起步向前时身体总是先向前倾，形成向前倾跌的趋势，接着后脚立刻跨向前，来维持新的平衡。挑着重担走路，等于人体的重量突然增加了许多，向前移步时的倾跌趋势就会很厉害。缩小跨出的步子，可以适当减小这种倾跌趋势；迅速迈出后脚，可以防止跌倒。因此，挑重担的人走路时，步子总是又小又急，看上去就像在小步跑。

77 指南针为什么能够指南？

指南针之所以能指示方向，与地球的磁场息息相关。地球本身就是一个天然的大磁铁，有一个地磁北极和一个地磁南极，而磁铁与磁铁之间又有"同性相斥，异性相吸"的特性。所以，由磁铁制成的指南针受地磁的吸引，指针总是一头指向磁北极（地理南极），另一头指向磁南极（地理北极）。

78 为什么针很容易刺进别的物体里？

针又尖又细，用它刺扎物体很容易扎进里面，原因是小小的针尖产生了很大的压强，力量集中，很容易破坏与物体的接触面，刺到物体内部。产生大压强有两个办法：一个是加大力度，另一个就是减小接触面。针轻松刺入物体就是借助了第二个办法的原理：力不变，改变接触面大小，也能改变压强。

79 螺丝钉为什么能固定物体？

螺丝钉都有一个扁平的头和一个细长的身体，身体上还有一圈圈螺旋形的花纹。当我们将螺丝钉按在木板上旋拧时，螺丝钉就会旋转着一点点钻进木板。由于那些螺旋形花纹紧紧地卡在木头里，很难松动脱落，所以用螺丝钉能牢牢地固定住物体。

80 竹席为什么比草席要凉快？

同样是席子，竹席却比草席让人感觉凉快得多，这主要是因为这两种物质的导热本领不同。编织草席的席草里面有很多小空气孔，里面藏着不易流动的空气，因此导热能力很差；而竹席中用到的竹篾（miè）因为没有空气孔，所以导热本领比草席要大，很容易把人身上的热量导走，因而竹席会让人感觉更凉快。

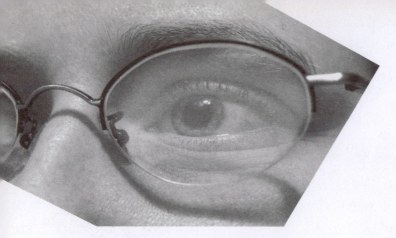

81 冷天从外面进来，镜片上为什么会蒙上一层雾气？

冷天从外面进入温暖的屋内，镜片变模糊是很正常的现象。因为冷天时镜片的温度也很低，当进入温暖的室内时，室内的暖空气碰到冷冰冰的镜片就会凝成小液滴，附在镜片表面，使镜片变得一片模糊。但如果给镜片涂上亲水性的防雾剂，镜片上的液滴就会立即散开变成一层均匀的水膜，不再影响视线了。

82 为什么在冬天触摸铁会比触摸木头感觉冷？

人感觉到冷不是感受物体的温度，而是感受物体传走人体热量的速度。虽然在相同环境下，铁与木头的温度是一样的，但铁是热的良导体，而木头是热的不良导体，所以铁比木头传走人手热量的速度要快得多，因此，在冬天里摸铁会让人感觉比摸木头冷。

83 为什么热水瓶的木塞有时会自己跳起来？

其实，这都是空气捣的鬼。当你盖上热水瓶的木塞时，冷空气也随之进入。冷热空气相遇，冷空气因为吸热，体积会膨胀，故而将木塞掀起来。你把塞子压得越紧，空间就越小，膨胀也就越大，木塞跳得自然也就越高了。

84 用冰冷却食物，食物应放在冰上还是冰下？

用冰冷却食物，最正确的方法是把食物放在冰的下面。原来，冷空气是向下沉的，当把食物放在冰下后，四周的空气被冰冷却后就会下沉，给食物四周罩上一层冷气，而且还会不断地把热空气赶走，这样食物就很容易被冷却了。

85 为什么海拔高的地方煮不熟饭？

在海拔高的地方是很难将饭彻底煮熟的。原来，海拔越高的地方，大气压越低，这使得水的沸点也就越低。也就是说，不管煮多久，水的温度都达不到100℃。水的温度不够高，饭自然就煮不熟啦！要想在海拔高的地方煮饭，最好的办法就是使用高压锅。

86 为什么鸟停在电线上不会触电？

鸟停在电线上不会触电，并不是鸟有什么特殊的本领，而是因为我们对电路不了解。要想一个回路里有电流通过，就必须同时接触到两根电线——零线和火线。当鸟停在电线上时，它们的身体只接触到了一根电线，未构成闭合电路，身上也就没有电流通过，因此它们不会触电。

87 架电线时为什么不能将电线绷得太紧？

物体有热胀冷缩的特性。实验证明：每百米的电线，在温度每增加1℃的情况下，大约会伸长1.5毫米。温度升得越高，电线就伸得越长；反之，温度降低，它就缩得越短。如果架电线时将电线绷得太紧，使电线没有伸缩的余地，那么天一冷，电线就会被绷断的。另外，像秋冬季的霜、雪、冰常会附在电线上增加电线的重量，如果电线绷得太紧，还容易被压断。

88 荧光灯为什么比白炽灯更亮、更省电？

荧光灯和白炽灯的发光原理不同。荧光灯的灯管内壁有一层发光的荧光物质，灯管内还装有氩气和水银。一旦灯的两端通电，电极中的电子就会在灯管内迅速运动，撞击氩气和水银分子，产生的高能量以紫外线的方式发射出来，管壁上的荧光物质会大量吸收紫外线，然后发出可见光。荧光灯发出的是冷光，产生的热量少，发光效率很高，因此相比同功率的白炽灯会更亮，相比同亮度的白炽灯更省电。

89 霓虹灯为什么能够发出五颜六色的光？

霓虹灯之所以能发出五颜六色的光，与灯泡中充入的惰性气体有关。惰性气体的穿透力很强，而且不同的惰性气体在电场的激发下可以发出不同颜色的光，例如，氖发出红光，氩发出浅蓝色的光，氦发出淡红色的光。将这些惰性气体按照不同的比例混合，就制出了可以发射各色彩光的霓虹灯。

90 蓄电池为什么能蓄电？

人们把能够反复充电、放电的电池统称为蓄电池。蓄电池之所以能蓄电，是由于它能利用外界的电能来促使其内部发生化学反应，从而把电能转化为化学能储存起来。等到需要用电时，它再在电池内部进行逆向化学反应，将化学能转化为电能。由于这一过程可以多次重复，蓄电池也就可以反复充电了。

91 为什么碱性电池比较耐用？

碱性电池又称碱性锰干电池，与普通的碳锌干电池相比要更加耐用，电流量要大，而且外壳不易腐蚀。碱性电池中的氢氧化钾呈液态，不像碳锌干电池中填充的都是固态糊状物，所以内阻比较小。再加上碱性电池中的锌以粒屑状参与反应，与电解质的接触面积较大，因而产生的电流量要比同体积的普通干电池大3～5倍。碱性电池中不参与化学反应的充填物很少，所以它能做得更小些。这样，体积相同的碱性电池和普通电池相比会更耐用。

92 为什么用潮湿的手触碰电源开关有危险？

电流是通过导体传导的。纯净的水是不导电的，但只要含有一些杂质，比如食盐之类的东西，就变得很容易导电了。皮肤本来就不是非常好的绝缘体，当沾上水后，上面的汗液会溶入水中，汗里的盐分会使水变成导体。这时，如果我们用手去触碰电源开关，自然就很危险了。

93 为什么发生触电时不能直接用手拉人？

发现别人触电后，一定要讲究救助方法。触电者的身体已成为电流通路的一部分，这时用手直接去拉触电者，施救者就有触电的危险。所以，当发现别人触电时，首先应找一根干燥的木棍，迅速把电源线从触电者的身上挑开，然后切断电源，再去救人。

94 为什么整块金属有光泽，粉末状的则没有？

金属是由一系列原子构成的，它们以最紧密的堆积状态排列。原子内部存在自由电子，所以当光线投射到整块金属表面上时，原子内的自由电子可以吸收所有频率的光，然后很快又会发射出各种频率的光，这些混合光使得绝大多数金属呈现钢灰色至银白色的光泽；而金显黄色，铜显赤红色，铋为淡红色，铯为淡黄色，铅呈灰蓝色，是由于它们较易吸收某些频率的光。当金属处于粉末状态时，由于晶体排列变得不规则了，光被自由电子吸收后很难再发射新的光，所以金属粉末便呈灰色或暗灰色，毫无光泽可言。

95 同是铁，为什么锅很脆，炒勺很韧，而菜刀很利？

这与制作原料——铁的差异有关。制锅的铁是生铁，它的特点是脆，一敲就会裂。炒勺是用熟铁打制而成的，它与生铁最大的区别就是韧而不脆。菜刀是用钢制成的，而钢具有很好的强度、韧性和延展性。生铁、熟铁、钢虽然都是铁家族的成员，但彼此间含碳量不一样：生铁含碳量大于 2%；熟铁含碳量在 0.02% 以下，所以也称纯铁；钢含碳量在 2% 以下。

96 铁生锈是怎么回事?

　　铁生锈其实是一种化学反应。铁的化学
性质比较活泼,与水和氧气反应,就
会产生红褐色的三氧化二铁,也就是我
们常说的铁锈。所以,铁如果长期暴露在潮
湿的空气中,就很容易生锈。另外,盐水、溶解
了二氧化碳的水或铁中含有的杂质,都会导致铁生锈。

97 不锈钢为什么不生锈?

　　不锈钢之所以不易生锈,是由于人们在制作过程中,除了
原料铁以外,还加入了铬、镍、铝、硅等其他材料。这些材料不
仅使钢的结构更加均匀,而且改变了钢的性
能,并且还在钢的表面形成了一层保护
膜。这样,不锈钢就不容易生锈啦!

⁹⁸ 金、银会生锈吗？

　　金与银不会生锈，主要是因为它们的化学性质太不活泼了，几乎不与其他元素化合，即使将它们加热到 1000℃ 以上，它们依然不会与氧发生反应。正因为这样，大自然中的金矿就是纯金，银矿也有很多就是纯银。然而，不生锈并不代表不会被腐蚀。在王水里，金会被溶解掉；银比金活泼些，不仅能被王水溶解掉，也会与硫反应，变成黑色的硫化银，所以银器常会发黑。

⁹⁹ 铝与铁相比有哪些优点？

　　因为以前提炼铝比较费事，所以很多器皿都是用铁制造的。铁容易被氧化，氧化后的表面会变得粗糙不平。铝被空气氧化后会产生一种结构致密的铝氧化合物，使器皿表面变得很光滑。而且有了这层化合物，铝的内部就被保护起来，不再被氧化。

100 哪种金属最轻？

金属中最轻的，就要数锂了。锂在常温下的密度只有0.534 克 / 立方厘米，即使放在汽油中，也不会沉下去。它呈银白色，质地柔软，用刀就可以切开。锂的化学性质相当活泼，一遇到空气，立刻就会和其中的氧气进行反应，放在水里还能放出氢气。锂的用途很广泛，国防、农业、家电中都少不了它的身影。

101 为什么水泥遇水就会变硬？

水泥是把石灰石和黏土等配制成生料，然后在高温下煅烧成熟料，再掺入少量的石膏等物质细磨而成的。从化学成分来说，水泥是一种含钙的硅酸盐或铝酸盐的混合物。当水泥与水混合时，其中的硅酸钙和铝酸钙会与水发生化学反应，生成水合物。水泥颗粒的体积便渐渐变大，并慢慢联结在一起，颗粒间的空隙也越来越小。时间越长，水泥越硬，密度也越大，最后就结成了大块的"人造石头"。

102 为什么生石灰一加水就发热，甚至能把鸡蛋煮熟？

生石灰的化学成分是氧化钙。氧化钙的性质很活泼，一遇到水，就要把水"夺取"过来，变成熟石灰，也就是生成了氢氧化钙。这一化学反应过程会释放出大量的热，而热量高到能使水沸腾。这时要是将一枚鸡蛋放进正在搅拌生石灰的水池里，要不了多久，鸡蛋就熟了。

103 为什么塑料有的软，有的硬，有的像海绵？

塑料是一类用途广泛的合成高分子材料，种类很多，目前世界上已投入生产的有 300 多种。根据塑料受热后的性质不同，可将塑料分为热塑性塑料和热固性塑料。热塑性塑料分子都是长链状结构，受热时变软塑形，冷却后硬化，如塑料袋（聚乙烯薄膜）、塑钢门窗（聚氯乙烯）等。热固性塑料的分子呈很紧密的网状立体结构，因此可制成硬性物，再加热也不会变软和改变形状，如电木（酚醛塑料）、电玉（脲醛塑料）等。像海绵那样疏松多孔的塑料其实是泡沫塑料，它是在加工聚氯乙烯时加入发泡剂制成的。

¹⁰⁴为什么有些塑料制品在冬天会变得硬邦邦的？

塑料是高分子聚合而成的物质，分子间的连接非常紧密。为了使塑料变柔软，人们就往原料中加入了增塑剂，使塑料中分子与分子之间的连接不那么紧密，因而塑料变得柔软起来。但这种增塑剂并不耐寒，到了冬天就不怎么起作用了，所以，这类添加了增塑剂的塑料，到了冬天就会变得硬邦邦的。

¹⁰⁵橡胶为什么有弹性？

橡胶是由高分子化合物构成的，它们像一根根很长的线，互相缠在一起，但它们很柔软，很容易移动，所以能被拉得很长。由于生橡胶都会经过硫化处理，所以分子与分子之间就建立起若干个连接点，这叫作交联，就好像在分子之间架起一座桥，把分子与分子连接起来。这样，橡胶在被拉长后，这些"桥"阻止了分子间的相对移动。只要一松手，分子就被这些"桥"拉回到原来的位置。橡胶的弹性就是这么来的。

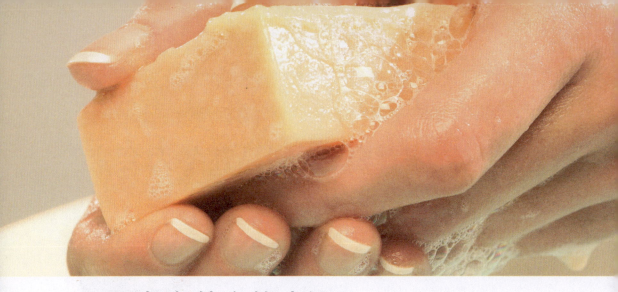

106 肥皂为什么能去污？

肥皂的主要成分是高级脂肪酸盐，它的分子是由长链的疏水基（亲油基）和短小的亲水基组成的。当肥皂在水中遇到油污分子时，其中的亲水基与水结合，疏水基则与油污分子结合，使油污乳化。同时，高级脂肪酸盐的分子会在水里聚集成有几十个分支的胶束，把油溶解在胶束的亲油基内，增大油污的溶解度。凭着这些特性，肥皂才具有良好的去污性能。

107 牙膏是如何保护牙齿的？

牙膏里含有许多特别的化学物质，如摩擦剂、保湿剂、表面活性剂、增稠剂、甜味剂、色素、香精等，它们发挥着清洁、除菌、清爽口气等作用。另外，像含氟牙膏中的氟化物能在牙齿表面形成稳定的防护物质，可防止龋（qǔ）齿发生；含有叶绿素的牙膏能阻止牙龈出血，防止口臭；中草药牙膏则能缓解牙龈出血、牙龈红肿、牙齿过敏等症状。

108 防晒霜为什么能防晒？

阳光中的紫外线虽具有杀菌作用，但也会将人的皮肤晒伤。防晒霜可以减缓这种伤害。早期的防晒霜中添加的是氧化锌、二氧化钛等粉末，它们能反射紫外线，起到防晒的功效。在后来的防晒霜中，人们添加了复杂的有机物，如对氨基苯甲酸丁酯等，它对紫外线有很强的吸收能力，使防晒效果更理想。

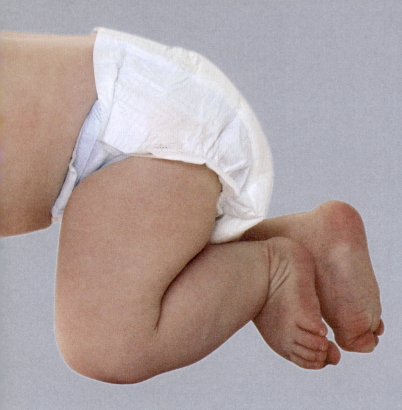

109 "尿不湿"为何尿不湿?

"尿不湿"是在柔软的布上涂了一些人工合成的高分子材料,如聚乙烯醇、聚氧乙烯等。这些高分子材料的分子链上连着许多能跟水亲近的分子团,吸水功能十分强大,而且这些高分子材料在吸过水后,体积并不会发生太大的变化,因而使用起来十分方便、舒适。这就是"尿不湿"尿而不湿的原因。

110 纯酒精杀菌的效果更好吗？

酒精可以杀菌消毒，这是众所周知的事，可纯酒精不能杀菌，恐怕就没多少人知道了。原来，纯酒精只能破坏细菌蛋白质的内部结构，却不能破坏细菌蛋白质表面的分子长链，所以不能杀灭细菌。然而，水可以使细菌蛋白质的长链松弛，使酒精充分发挥作用。所以，消毒用的酒精通常都是浓度为 75% 的酒精溶液。

111 酒精分析器是怎样"揪"出酒后驾车的司机的？

酒精分析器内装有一种橙红色的三氧化铬。交警在检查司机是否刚喝过酒时，会让被检司机对着酒精分析器呼气。刚喝过酒的司机呼出来的气体中含有乙醇，橙红色的三氧化铬会立刻被氧化，变成绿色的三氧化二铬。这种变化再通过电子传感元件转换成电信号，酒精分析器就会报警，立即把酒后驾车的司机"揪"出来。

112 为什么有些手术的缝合线不用拆?

　　医生在给病人动过手术后,都会用线缝合伤口。然而,对于一些内部组织、器官或者敏感部位的缝合,缝合线是不必拆的,因为用的是羊肠线。羊肠线是以羊肠为原料制成的,主要成分是蛋白质,可以被人体一点点分解吸收。

113 为什么医生给人诊病时要用听诊器?

　　人体内部的声音,如心跳声、肠鸣音、湿啰音(呼吸音的附加音)等较难让人听到,原因是音频过低或音量太小了,或被嘈杂的环境遮蔽掉了。听诊器前端是一个面积较大的膜腔,体内声波振动膜腔后,听诊器内的密闭气体随之振动,而塞入耳朵的那端由于腔道细窄,气体振动幅度就比前端的大很多,由此放大了患者体内的声波振动,使医生能够清楚地听到体内的声音。

114 X光照片为什么能帮助医生找到病症？

X射线是一种波长非常短、能量很大的电磁波，能穿透纸张、人体组织等很多不透明的物体。当X射线穿过人体肌肉时，就像太阳光穿过玻璃一样。不过，X射线的穿透力也与物质密度有关，密度大的物质对X射线吸收的多，透过的少；密度小的则吸收的少，透过的多。例如，骨骼对X射线的吸收能力比肌肉强150倍，所以当X射线穿过人体时，荧幕上就会留下骨骼的黑影，而看不到肌肉的痕迹。医生们通过比对、分析X光照片上的影像，发现异常之处，就能找到病症所在，从而对症治疗。

115 在X光室工作的医生为何要穿铅衣？

X射线能穿过许多物质，但遇到铅，就会被铅吸收而无法穿透。虽然X射线能用于诊断病情，但它的辐射长期作用于人体，会危害人体健康。所以，在X光室工作的医生都要穿上一件有厚度的铅板衣服来保护身体不受伤害。

泡沫现象是由气体存在于液体中造成的。发泡时，液体成膜状，包裹着气体，成为一个个小气泡。

116 我们吐出的唾液中为何都是小气泡？

我们吐出的唾液中含有许多小气泡，这是由唾液的成分造成的。唾液中的硝酸盐分解后能放出氮气，重碳酸盐分解能释放出二氧化碳。另外，还有一些气泡来自口腔中的空气。黏黏的唾液和口腔中的空气搅和在一起，再被人用力吐出来时，里面就会充满许多小气泡。

117 皮肤烫伤后为什么会起水疱？

我们都有这样的经验，皮肤被烫了一下后，马上就会出现一个亮晶晶的水疱。这是由于高温引起了局部血管扩张，血管壁通透性增加，使液体渗出，带出大量抵抗炎症的细胞，同时组织肿胀，水疱便形成了。

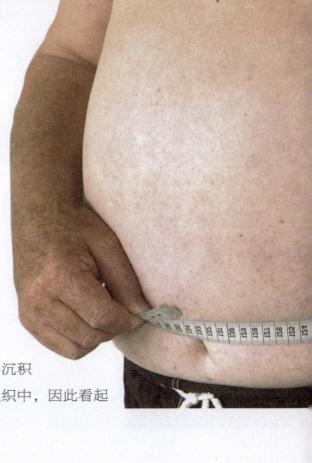

118 为什么胖人往往
肚子比较大？

　　有些人饮食过量，特别是长期以来吃的食物中油脂较多，而又很少从事或不从事体力劳动，体内多余的物质往往转化为脂肪储存在脂肪层及各种组织中，于是就形成了肥胖。而脂肪特别容易沉积在腹部、臀部、腰部等皮下组织中，因此看起来胖的人往往肚子特别大。

119 为什么人在旷野中走
夜路时常常兜圈子？

　　平时我们走路时，两条腿是听大脑调遣的，而大脑又要根据眼睛得到的信息对方向进行校正，所以人想走到哪儿就能走到哪儿。但在夜晚，眼睛接收不到周围景物的参照信息，大脑就无法有效地控制行走方向，再加上左右腿跨出的步长有微小的差别，会形成步差，由此导致行走时方向偏转。这样一直走下去，行走的线路就是两个同心圆弧，因此就会兜圈子。

120 食品中的酸甜苦辣咸都是由哪些物质产生的？

酸甜苦辣咸构成了食品的"五味"，它们使食品别具风味。食品中的酸味来自酸类物质，如醋酸、柠檬酸、乳酸、果酸等；甜味是由糖类带来的，如蔗糖、果糖、麦芽糖、乳糖等；苦味主要来自各种生物碱，如咖啡碱、茶碱等；辣味来源广泛，像辣椒中的辣素，生姜中的姜酮、姜酚、姜醇，大蒜中的蒜苷、蒜素等，均是产生辣味的物质；咸味则大多源自人为烹调加入的食盐（氯化钠）。

121 为什么食物在热天更容易腐败？

食物的腐败，是微生物在食物里繁殖发酵的结果。微生物繁殖的速度取决于两个因素：一是食物的干燥程度。例如，我们常用晒干、烘晒等方法来保存食物。这种干燥的食物，只有在空气中水分较多的梅雨时节才容易腐败。二是周围环境的温度。一般能造成食物腐败的是腐物寄生菌，它们最适宜生长繁殖的温度是25～30℃，所以食物在热天容易腐败。

122 食物腐败后为什么会变酸或变臭？

微生物会分解食物中的营养物，以满足自身生长和繁殖的需要。如果是肉类食物，其中的蛋白质会被它们分解为分子量极小的肽类，从而发出难闻的臭味；如果是米饭类食物，其中的淀粉会被它们分解成有机酸，食物因此而变酸。

123 为什么盐腌过的食物不易变质？

经盐腌过的食物会因为细胞的渗透作用而损失大量水分，由此食物变得不再适宜细菌等微生物繁殖了。另外，高盐度的环境对微生物来说也难以生存。外界的盐分会进入微生物体内，直到内外盐分平衡，这样就大大抑制了它们的生理活动。

124 粗盐为什么容易变潮？

食盐的主要成分是氯化钠，除了氯化钠以外，还含有少量别的氯化物。粗盐会变潮，是因为其中含有较多的氯化镁。氯化镁易于水解，暴露在空气中时会吸收空气中的水分，因此粗盐就出现了潮解现象。

125 为什么要往食盐里加碘？

碘是人体生长发育不可缺少的微量元素。人体缺碘不仅可引起甲状腺肿大，还会造成智力不足和智商低下。由于我国很多地区所处的环境普遍缺碘，人们摄入的碘量严重不足，所以国家规定在食盐中加碘，以达到补碘的目的，提高人民群众的健康水平。

126 为什么腌肉是鲜红色的?

新鲜的肉所呈现的鲜红色,是肌肉中一种含亚铁的肌红蛋白的颜色。然而,亚铁离子很容易被空气中的氧气氧化成高铁离子,这样鲜红色的亚铁肌红蛋白就变成了暗褐色的高铁肌红蛋白。在腌制肉类食品时,会加入少量的硝酸盐或硝酸盐和亚硝酸盐的混合物,它们可与肌红蛋白生成稳定的亚硝基肌红蛋白,而亚硝基肌红蛋白是鲜红色的,所以腌肉也呈鲜红色。

127 为什么煮肉汤时不能早放盐?

因为盐是电解质,具有较高的渗透压。过早加盐,很容易使盐渗透到原料中去,使原料中的水分跑出来,蛋白质过早凝固,这样原料内部的营养物质就不能大量地溢到汤中,因而汤汁就不那么鲜美,也不能熬成很浓的奶汤,从而影响了汤的营养、颜色和风味。

128 蔗糖是最甜的物质吗？

可能你会认为蔗糖是世界上最甜的物质，但事实上并非如此。我们把甜味物质的甜味程度称之为甜度，它的标准是这样规定的：蔗糖的甜度为 100，如果相同浓度下，甜度是蔗糖 5 倍的物质，它的甜度就是 500，以此类推。要知道，蔗糖不过是甜味世界中的小字辈。糖精要比蔗糖甜 500 倍；从非洲产的一种叫"红果"的植物中提取的化合物——索马丁，要比蔗糖甜上千倍呢！

129 红糖、白糖和冰糖是一回事吗？

按颜色，食糖可分为白糖、红糖和黄糖。之所以颜色深浅不同，是因为制糖过程中除杂质的程度不一样。白糖是精制糖，纯度一般在 99% 以上；黄糖则含有少量矿物质及有机物，因此带有颜色；红糖则是未经精制的粗糖，颜色很深。根据颗粒大小，食糖又可分为白砂糖、绵白糖、方糖、冰糖等，其中白砂糖、绵白糖都称白糖，蔗糖含量一般在 95% 以上。冰糖是以白砂糖为原料，经过加水溶解、除杂、清汁、蒸发、浓缩后，冷却结晶制成的。

130 糖精是从糖里提炼出来的吗？

我们所吃的红糖、白糖都是从甘蔗、甜菜等植物中提炼出来的。我们喝的汽水、吃的冰棍也很甜，但里面却没用糖，用的都是人工合成的甜味剂——糖精。从化学角度来看，糖与糖精一点儿关系也没有。糖精的学名叫邻苯甲酰磺酰亚胺，是一种白色结晶体。它不是从糖里提炼出来的，而是以又黑又臭又黏的煤焦油为原料先提炼出甲苯，再对甲苯进行一系列处理后制造出来的。

131 味精为什么会有提鲜的作用？

科学研究证明，人的味觉器官中存在着专门的氨基酸受体，其中对鲜味敏感的味蕾受体是谷氨酸。味精的成分是谷氨酸钠，为一种氨基酸盐，它作用于菜肴中时会转变为谷氨酸，刺激味蕾上的氨基酸受体，从而使我们感到可口的鲜味。

132 为什么白酒越陈越香？

白酒的主要成分是乙醇。把酒埋在地下，保存好，放置几年后，乙醇就和酒中含量较少的成分——乙酸发生化学反应，生成乙酸乙酯这种具有果香味的物质。上述反应的速度较慢，而且时间越长，就有越多的乙酸乙酯生成，因此白酒越陈越香。

133 为什么酒能解鱼腥？

鱼腥是因为鱼含有三甲胺的缘故。烧鱼时，人们总会浇些酒，这样可以解鱼腥。原来，三甲胺都"隐藏"在鱼肉里，人们很难"赶走"它。但是，酒里含有乙醇，乙醇能很好地溶解三甲胺，把它从鱼肉里"揪"出来。而且，烧鱼时温度较高，乙醇、三甲胺都很容易挥发，所以没一会儿，鱼的腥味就被除掉了。

134 酸菜没有营养吗?

有人认为酸菜没有营养,其实这是错误的。酸菜是白菜经过乳酸菌作用后的产物,它几乎把白菜中的大部分营养物质都保存了下来,特别是白菜中的维生素,保存量可达 90% 以上。而且,酸菜中还含有一种白菜中所没有的乳酸,它被人体吸收后能增进食欲,促进消化,所以说适当吃些酸菜,对人体是有好处的。但是酸菜只能偶尔食用,如果长期贪食,则可能引起泌尿系统结石。另外,霉变的酸菜有明显的致癌性,不可食用。

135 包糖的糯米纸是用糯米做的吗?

在一些糖果或糕点外,通常会包着一层半透明的纸,它入口即化,可以食用,这便是我们常说的"糯米纸"。其实糯米纸并不是用糯米做的,而是用地瓜、玉米或小麦等作物所含的淀粉制成的。由于淀粉很容易被我们唾液中的淀粉酶分解,因而糯米纸具有入口即化的特点。

136 煮熟的米饭表面为什么有许多小洞？

大米的主要成分是淀粉，它在蒸煮后就变成了葡萄糖和淀粉的混合物，还在表面生成一层黏性薄膜。在煮米饭的过程中，由于温度的变化，锅里的水也在发生变化，产生了大量气泡。气泡穿过米粒间的空隙，不断地从底部向上升，从各个位置冲击米饭表面生成的薄膜。所以等米饭熟后，我们便会看见一个个的小洞。

137 为什么粥开了会溢锅？

水烧开后会产生大量气泡，它们不断上涌，冲出水面，消失在空气中。煮粥时，米和水放在一起煮，当粥沸腾时，水变成气泡会上涌，同时还会裹上煮到水中的淀粉。这些淀粉具有很大的黏性，使气泡不容易破裂。随着上升的蒸汽增多，气泡也越升越高，它们挤在一起，当升到锅边缘时，就会溢出锅。

138 饺子煮熟了为什么会浮起来？

饺子在制作过程中，会裹入微量的空气。当饺子刚投入水中时，由于饺子的密度比水大，浮力小于重力，它们就会纷纷沉入锅底。当加热至煮熟后，由于内部的空气、馅以及饺子皮受热都发生了膨胀，整个饺子的体积就会增大许多，相当于增大了排水量。根据沉浮原理，饺子的浮力也就增大了，这样饺子便会陆续浮起来。

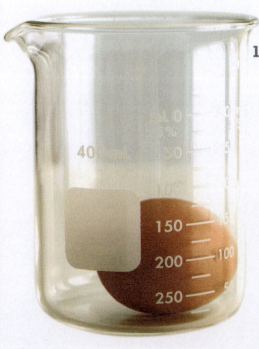

139 变质的蛋为什么会浮在水面上？

把鸡蛋放入水中，可以用来检验蛋是否变质。如果蛋浮在水面上，就说明它变质腐坏了。变质蛋的蛋白质腐败后，能产生一些气体，同时蛋里的水分也会从蛋壳小孔处蒸发掉，因而蛋的质量就变轻了，自然会浮在水面上。新鲜的好蛋空气少，质量重，所以不会出现这种情况。

69

140 怎样区分生蛋和熟蛋？

分辨鸡蛋生熟与否其实很简单，只要把鸡蛋放在桌子上转，转得快的就是熟蛋，转得慢的就是生蛋。这是因为鸡蛋煮熟后，蛋清和蛋黄凝固在一起变成固体了，转的时候比较容易，因此速度比较快；而生蛋的蛋黄和蛋清都是分离的液体，旋转时由于惯性的作用会晃动，受力不均衡，这样自然就转不快了。

141 为什么不能用热水煮鸡蛋？

有生活经验的人从来不会用热水煮鸡蛋，因为这样煮，鸡蛋还没煮熟就会裂开，变成一锅蛋花。原来，在鸡蛋大的那头有一个气室，里边贮存着空气。如果把鸡蛋放到热水里去煮，气室里的空气会因为升温过快而迅速膨胀，从而产生较大的挤压力，将蛋壳挤破。

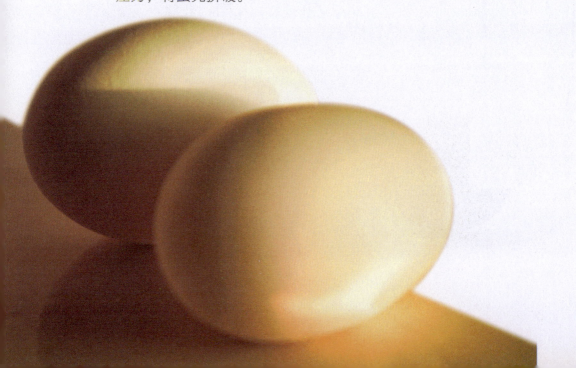

142 鸡蛋为什么不容易捏碎?

鸡蛋很容易被磕破,可是如果把一枚鸡蛋握在手心里用手来捏,你就会发现,它此刻变得非常刚硬,没那么容易被捏碎。这是因为鸡蛋是球形的,当放在手心里捏的时候,它表面各处受到的压力是均衡的,而且各方向上的压力可以相互抵消一部分,所以尽管你很用力,也无法轻易将鸡蛋捏碎。

143 为什么松花蛋上有松花?

松花蛋又名皮蛋,是由蛋壳外裹着的含碱原料与蛋内物质发生一系列化学反应后形成的。在这一制作过程中,外部敷料中的碱离子(氢氧根离子)会渗入蛋壳内,与蛋清中的蛋白质发生作用,使蛋白质与水胶凝在一起。与此同时,有些蛋白质还会分解成多种氨基酸,它们与碱离子作用生成氨基酸盐。氨基酸盐不溶于水,于是从蛋白中结晶出来,形成漂亮的松花。

144 为什么鱼汤、肉汤在低温下会凝结成冻？

这是因为鱼和肉都是富含蛋白质的食物，在炖煮时，鱼、肉中有种叫生胶质的蛋白质会与热水发生作用变成动物胶。在温度较高时，这些动物胶能溶解在水中，但当温度降低后（不必达到 0℃），它们便会凝结成冻。

145 为什么烧熟的虾、蟹会变成红色？

从市场上买回来的生虾、生蟹大都是青灰色的，可为什么烧熟之后就都变成了红色？原来，这些虾、蟹的甲壳中含有许多种色素，其中一种是呈红色的虾红素，但由于它混在其他色素中，所以平时是看不出来的。经过高温烧煮之后，其他色素都被破坏分解了，唯有虾红素不怕高温，因而烧煮过后的虾、蟹就会呈现出红色啦！

146 做豆腐为什么要点卤？

人们是这样制作豆腐的：首先用水把黄豆泡涨，磨成豆浆，煮沸；第二步进行点卤，这时豆浆就变成了豆腐脑；第三步再将豆腐脑的水分挤出来，就制成了豆腐。制作豆腐的关键是点卤，用的是盐卤或石膏。盐卤主要含氯化镁，石膏是硫酸钙，它们都能使豆浆中分散的蛋白质团粒快速地聚集到一起。

147 为什么冻豆腐上会有许多孔？

豆腐的内部有无数的小孔，这些小孔大小不一，里面都充满了水分。水有个特点，就是在4℃时密度最大，体积最小；到0℃时，结成冰，体积不是缩小而是胀大，比常温时的体积要大10%左右。当豆腐的温度降到0℃以下时，里面的水结成冰，将原来的小孔撑大，于是整块豆腐就被挤压成网格状。等到冰融化成水从豆腐里流出来后，豆腐就变得像泡沫塑料一样了。

148 为什么不用米粉制作馒头或面包？

馒头或面包几乎都是用面粉经发酵后制作出来的。不选用米粉，是因为米粉的组成成分与面粉的不同，不适宜制作这类需要经过发酵的面点。面粉中除了淀粉含量丰富外，还含有大量的麸蛋白，也就是我们常说的面筋。面筋是具有弹性的胶状物，它在受热后会凝固，牢牢裹住面团中经发酵产生的二氧化碳气体，使得面点像气球一样胀鼓起来，这样面点吃起来才会松软可口。而米粉的淀粉含量高达 90% 以上，蛋白含量很少，因此很难用它制作出蓬松的馒头或面包。

149 炒栗子的时候为什么要放沙子？

栗子是圆的，而且个头较大，如果把它们放在锅里直接炒，那么它们挨着锅的一面很快就会焦，而另一面还没熟。如果把沙子和栗子放在一起炒，细密的沙子被火烧热，再把栗子裹住，使栗子的各个侧面均匀地受热，这样就能将栗子炒熟并且不煳。

150 为什么用火烤熟的白薯有硬皮？

用火烤白薯时，白薯所受的热比煮的时候要强烈得多。由于过热，白薯表层的淀粉就变成了糊精。糊精是一种胶，会把淀粉颗粒连成一层红色的硬皮。

151 为什么切开的茄子放久了会变黑？

茄子切开后放久了会发黑，这是因为茄子里面含有一种叫单宁的物质，它在空气中很容易氧化成黑色的物质。所以当茄子切开后，里面的单宁就会暴露在空气中，时间一长，就逐渐被氧化，变成黑色物质了，这时候茄子的切开面看起来就变成黑色的了。

76

152 为什么削了皮的苹果放久了会变黄？

苹果里含有一些酚类化合物，它们遇到氧气会发生氧化反应。削好的苹果放置一段时间后，其中的酚类化合物被氧化，苹果就变黄了。时间越长，参与反应的量越多，苹果的颜色就会越深，使苹果的新鲜度下降。但只要在削好的苹果表面涂一层盐水或糖水，苹果就不会那么容易被氧化啦！

153 柿饼上的那层白霜是什么东西？

我们常常看到柿饼表面有许多白色的粉末，这就是柿霜，其实这是葡萄糖和果糖的凝结物。新鲜的柿子里含有大量的水分，当它被晒成柿饼时，水分逐渐蒸发，果肉里所含的葡萄糖和果糖就会随之渗透到表皮上。果糖很甜，且容易吸收水分，在渗透到柿饼表面时吸收了空气中的水分，黏附在柿饼的表皮上，形成类似蜜饯外面的糖浆。葡萄糖的甜味不如果糖，也不爱吸收空气中的水分，它渗透到柿饼的表皮上，就形成了一层白色的粉末，正好把果糖包住，使得整个柿饼都是干燥的。柿霜可以食用，还可以入药，吃的时候千万不要丢弃哦！

154 牛奶为什么不是透明的？

我们习惯上把不溶于水的液体统称为油，把油和水放在一起剧烈振荡即可形成乳浊液。牛奶就是一种乳浊液，里面有无数个小乳滴（奶油滴），它们彼此之间各自独立，不会聚成大滴。当光照过来时，这些小乳滴就好像杂质一样会反射光线，使牛奶看起来成了不透明的。

155 加热后的牛奶上面为什么会有一层膜？

热牛奶的上面会浮着一层膜，这其实是凝固了的蛋白质。牛奶中含有蛋白质，而蛋白质遇热或遇到酸性物质就会凝固，像煮熟之后的鸡蛋会凝固也是这个道理。牛奶上面的这层膜，也叫奶皮，除了有蛋白质之外，还含有脂肪，密度比较小，所以会浮在表层。

156 为什么要提倡喝酸奶？

酸奶是鲜牛奶经过乳酸菌发酵后，再灭菌冷藏制成的。在发酵的过程中，牛奶中的部分乳糖转化成了乳酸，一些容易凝块的酪蛋白变得不易凝块，这大大提高了人体对牛奶的吸收程度。另外，酸奶中的乳酸还能促进肠道中的有益菌生长，并促进人体对钙质的吸收。因此，无论对婴幼儿、青少年还是成年人，酸奶都是很好的营养品。

157 刚打开的汽水在冒泡是怎么回事？

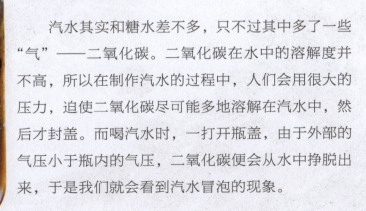

汽水其实和糖水差不多，只不过其中多了一些"气"——二氧化碳。二氧化碳在水中的溶解度并不高，所以在制作汽水的过程中，人们会用很大的压力，迫使二氧化碳尽可能多地溶解在汽水中，然后才封盖。而喝汽水时，一打开瓶盖，由于外部的气压小于瓶内的气压，二氧化碳便会从水中挣脱出来，于是我们就会看到汽水冒泡的现象。

158 为什么过山车能到达轨道的最高点而不会掉下来？

物体在做圆周运动时，会产生一个惯性离心力。像过山车，在到达圆周轨道最高点的时候，只有产生的惯性离心力不小于自身的重力，才不会从轨道上掉下来。当物体质量和轨道半径一定的时候，惯性离心力的大小与物体速度的平方成正比。也就是说，过山车越快，惯性离心力越大，也就越不容易掉下来。事实也正是如此，过山车开得非常快，所以才能转了一圈又一圈，而不会掉下来。

159 为什么不倒翁推不倒？

这与不倒翁的构造有关。不倒翁都是上轻下重的，底部有个较重的铁块，这样重心比较低，不容易翻倒。另外，不倒翁的底面大，并且圆滑，这样便于摆动。当用力推动它时，它向一边倾斜，这时重心与接触点不在同一条铅垂线上，重力的作用就会使它往回摆动，好像钟摆的运动似的。在来回摆动的过程中，能量会不断损失，当能量减少到零、重力作用线恰好通过接触点时，它才停止摆动。

160 溜溜球为什么能自动返回手中？

从手中扔出的溜溜球（也叫悠悠球），没一会儿就会自动返回到手中。这是因为溜溜球被抛出后会同时受到两个力的作用：一个是向下的重力，另一个是绳子向上的拉力。刚开始下落时，由于拉力作用在溜溜球内的短轴上，于是溜溜球就一边转一边随重力作用往下落，而且越转越快，到达最低点时，转速达到最大，也就是动能最大，势能最小。然后，拉着溜溜球的绳子会沿着与原来相反的方向缠绕在短轴上，使溜溜球随着绳子边转动边往上升，直到它的动能又全部转变成势能而停止转动，这样溜溜球就自动返回手中了。

161 旋转的陀螺为什么能保持平衡？

物体在很多情况下都能呈现平衡状态，不只是静止时，当它在动的时候也能达到平衡。一般而言，静态的平衡大多属于稳定平衡，动态的平衡则多属于不稳定平衡。当陀螺受力旋转时，各个方向上的离心力总和达到平衡，因此陀螺能暂时用轴端站立，保持平衡。接着受到空气阻力、地面摩擦或陀螺重心等因素的影响，陀螺的转速会逐渐减慢。这时只要不断抽打，陀螺会一直这样平衡运动下去。

162 走马灯为什么会转？

在一个或方或圆的纸灯笼中，插一根铁丝作立轴，轴上方装一叶轮，再在轴中央装两根交叉的细铁丝，在铁丝每一端粘上人、马之类的剪纸。当灯笼内的灯烛点燃后，空气受热会上升，形成气流，从而推动叶轮旋转，于是剪纸随着轮轴转动，一个活灵活现的走马灯就制成了。由此看来，走马灯是靠热空气的对流来实现转动的。

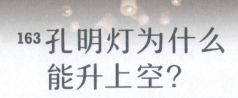

163 孔明灯为什么 能升上空？

孔明灯又叫天灯，制作时先用竹片架成圆桶状，外面用薄纸密密包裹，开口朝下。然后在底部的支架中间，绑上一块沾有煤油或花生油的粗布或金纸，放飞前将油点燃。燃料燃烧使周围空气的温度升高，密度减小，从而排出孔明灯中原有的空气，使灯的重力变小，这样空气对灯的浮力就可以把灯托起来了。

164 风筝为什么能飞上天？

在制作风筝时，风筝的面积要足够大，而且要又轻又结实，风筝上的拉线也要系得非常巧妙，使风筝能在天空中倾斜成一个角度。放风筝时，人们总是牵着风筝线，迎着风奔跑。风吹在风筝的身上，会产生一个作用力，把风筝托起来。

由于风筝很轻，只要风筝线足够长，风的作用力就能把风筝托得越来越高。

165 纸风车为什么能转？

用纸、大头针和一根筷子就可以制作出一个纸风车。纸风车遇风就会转个不停，这是因为风车上折叠出的叶片与大头针固定轴的方向成一定的角度，风吹到叶片上的力会被分解成两部分：一部分是轴向力，对转动不起作用；另一部分是使叶片绕轴旋转的力，它能使风车转起来。

166 笛子为什么能吹出声？

笛子里面虽然是空的，却有着一条看不见的空气柱。当人通过笛孔往笛子里吹气时，里面的空气柱受到强烈振动，便发出了声音。空气柱越长，振动频率就越小，音调就越低；空气柱越短，振动频率就越大，音调就越高。因此，人们根据乐曲的需要，放开或按下不同的音孔，使空气柱忽长忽短，这样就可以吹出不同音调的声音了。

167 为什么打水漂时石头会在水面上跳跃？

打水漂所用的石头一般是石片，这样可以增大水面对石块的浮力。另外，扔石块时的角度要尽量争取和水面平行，然后快速掷出。石片掠过水面时，可以在非常短的时间里使下部接触到的水快速流动，从而使压强减小。而这部分水下面的水由于压强大一些，会与上层水产生压差，形成向上的推力，从而把石片推出水面，然后还会出现第二次甚至更多类似的情况，石头就表现为在水面上连续跳跃了。

168 瘪了的乒乓球为什么用开水一烫就鼓起来了？

乒乓球瘪了，把它放入开水里烫一下，瘪的地方很快就会鼓起来，这是利用了热胀冷缩的原理。乒乓球里的空气受热后体积膨胀，会把原来瘪的地方顶起来，这样乒乓球就又复原了。但如果乒乓球有破洞了，这个办法就不灵了，因为受热膨胀的空气会从洞口跑掉，而无法将球"撑"起来。

169 为什么高尔夫球的表面有许多凹坑？

高尔夫球的表面之所以设计出许多小凹坑，目的是让高尔夫球飞得更远。统计发现，一个表面平滑的高尔夫球经职业选手击出后，飞行距离大约只有表面有凹坑的高尔夫球的一半。原来，球面做成蜂窝状凹坑结构，是为了让球在飞行时表面形成一个相对稳定的空气包裹层，飞行中原本球与大气之间的摩擦就变成了大气与空气包裹层之间的摩擦，这样产生的摩擦力均衡，对稳定球的飞行很有帮助。

170 旋转球为什么不走直线?

旋转球其实就是回旋转动着的球,它在高速旋转运动时,也带动了周围的气流跟着一起旋转,这使得原来球周围平衡的气压变得不平衡。流动的气体具有这样的性质:流速越大,压强越小。由于旋转球两侧空气的流速不一样,所以对球所产生的压强也不一样,从而形成压差。压差产生的力总是迫使球向空气流速大的一侧弯曲,因此球前进的路线就变成了曲线。像足球比赛中让守门员措手不及的"香蕉球",就是典型的旋转球。

171 为什么要穿着带有冰刀的鞋滑冰?

冰刀可以增大对冰面的压强。冰有一个特点,当它受到的压强增大时,熔点就会降低。一般每增加 1 个标准大气压,冰的熔点大约降低 0.0075℃。这样,冰面上与冰刀相接触的冰,便在冰刀强大压强的作用下融化成水,起到了润滑作用,减小了冰刀与冰面之间的摩擦力,使人能在冰面上飞快滑行。

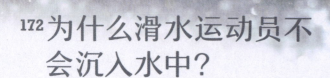

172 为什么滑水运动员不会沉入水中？

滑水运动员需要借助滑板，才能在水面上滑行。在滑水时，他的身体总是向后倾斜，双脚向前用力蹬滑板，使滑板和水面形成一个夹角。当前面的游艇通过牵引绳拖着他时，他通过滑板对水面施加了一个斜向下的力。这时，水面便会通过滑板对他产生一个斜向上的反作用力。当这个反作用力在垂直方向的分力等于他的重力时，即相当于给了他一个支持力，因此他不会下沉。

173 为什么游泳时戴泳镜比直接用眼看得清晰？

戴着泳镜游泳，可以避免眼与水接触，并且眼镜中的空气层可以保障视物和正常情况下没什么差别。而不戴泳镜时，由于水的折射率比空气的大，水附着在眼球表面时会影响眼球的对焦，所以看起东西来会模糊不清。

174 登山运动员为什么要戴墨镜？

登山运动员攀登的大都是四五千米以上的高山，这里的阳光中包含着大量人眼看不到的红外线和紫外线，而且冰雪还会反射这些光。如果这些光直接照射到眼睛的视网膜上，就会灼伤视网膜内的视觉细胞，轻的引起视力减退，严重的会导致失明。墨镜的镜片里含有能吸收红外线和紫外线的氧化铁和氧化钴，所以，登山运动员戴墨镜是为了保护眼睛。

175 为什么登上雪山后不能大声说话？

在终年积雪的山区，常常刮大风，形成吹雪。风常常把大量的积雪吹向分水岭的山脊上，形成厚厚的陡峻的雪檐。这种横空欲坠的雪檐，使山坡的积雪变得更险峻。这时候，只要周围出现一些动静，就会触发雪崩。大声说话会使空气显著振动，产生震波，从而引发雪崩。因此，在雪山区不可以大声说话。

89

176 为什么短跑运动员要蹲下起跑？

短跑运动员先蹲下来再起跑，和弹簧压缩后再弹起的道理其实很相似。由于短跑比赛竞争比较激烈，分秒必争，如果起跑慢了，再追就迟了。所以，运动员在起跑前先蹲好，听到发令枪声后再猛地起跑，肌肉会产生一股强大的爆发力，像弹簧一样，能使运动员以最快的速度冲出去。因此，起跑时采取下蹲姿势很有必要。

177 为什么在赛跑中身体要向前倾？

赛跑时，如果身子是直挺挺的，或向后仰，一定跑不快，说不定还会摔一跤。人在站立时，重心的位置比较高，而重心越低才越平稳，所以直立并不是最理想的平衡办法。人在跑动中，一只脚向前蹲跨，身体向前倾，重心会降低许多，自然就比较稳。另外，这一姿势还可以降低跑动中产生的空气阻力，所以，赛跑时身体向前倾，冲刺的力量会比较大。

178 为什么赛跑要沿逆时针方向进行？

人体大脑在操纵人的日常行为活动时，是左脑支配右半身的活动，右脑支配左半身的活动。由于大多数人是右撇子，即左脑发达，为了调节这种状况，维持身体平衡，右脑就会强化支配左腿的功能，由此多数人都觉得左腿比右腿有力。赛跑时，多数运动员都是用左腿作为后蹬腿的。在跑弯道时，由于左腿更有力，按逆时针方向跑，左腿就能很好地克服身体的离心力，避免向内侧倾倒。右腿的力量比左腿弱，如果按顺时针方向跑，就会感到身体不稳，容易摔倒。其实人在滑冰、骑自行车拐弯时，也会有同样的感受。

179 为什么跳高、跳远时要进行助跑？

在跳高、跳远之前，运动员往往要助跑，而且离起跳踏板越近时，助跑速度越快。这是因为在起跳前运动员处于运动状态，到开始起跳时，双腿停止前后摆动，但身体在惯性作用下仍会继续向前。在起跳那一刻的冲力越大，起跳后的惯性也就越大，腾空的时间也就越长，跳的高度或距离就越高或越远。

180 为什么跳高时单脚起跳比双脚起跳跳得高？

理论上讲，双脚比单脚有力，如果用双脚跳高，获得的向上的力量应该比单脚大，可实际情况却并非如此。原来，跳高不是看向上的力量大不大，而是看离开地面的初始速度大不大。人在跳高时为了获得最大的初始速度，会采用助跑，最后一下蹬地的动作除了要获得向上的速度外，还要运用技巧将助跑获得的水平速度转化为斜向上方的速度，这样才能跳得高。由于助跑时，双脚轮流落地，在最后一跳时也只能用单脚，如果改用双脚会打乱助跑节奏，使助跑获得的速度大大降低。当然，如果进行的是不能助跑的立定跳高，那么双脚起跳要比单脚起跳跳得高。

181 为什么掷铁饼时要旋转身体？

在投掷运动中，运动员如果站在那儿不动，以静止状态投掷的话，那结果可想而知，根本掷不远。投掷前，标枪、铅球等运动的运动员多会采用助跑，而掷铁饼运动员则需在原地旋转，他们这样做的目的都是为了使投掷物获得一个较大的初始速度。铁饼借旋转惯性被甩出后，不仅获得了速度，同时由于自身仍在旋转，这样前进可减少空气阻力，因此能飞得更远。

182 为什么在做旋转运动时要缩紧身体？

自由体操或花样滑冰等项目的运动员在做旋转动作时，总是尽可能把自己的身体缩紧，这巧妙地运用了角动量守恒的原理。当运动员需要加快旋转时，首先，他（她）尽量用足尖着地，减少旋转阻力；其次，尽可能收紧身体，收拢手臂和腿足，使旋转角速度加大。这样，一个环绕身体纵向轴旋转的运动员，可把转速提高2～3倍。

183 运动员比赛前为什么要往手上擦白粉？

　　看过举重、体操比赛的人都知道，运动员上器械做动作前，都要往手心上抹一些白粉，这些粉末其实是碳酸镁，也叫"镁粉"。原来，运动员在比赛时，手心很容易出汗，这样就会减小手与器械之间的摩擦力，影响动作质量，而镁粉具有很强的吸湿作用，同时还能增加手心与器械之间的摩擦力，所以运动员赛前都会抹它。

184 为什么田径比赛时运动员要穿钉子鞋？

　　钉子鞋很特别，鞋底上有许多带尖的铁钉子。运动员要想跑得快、跳得高，就必须蹬地有力，以便产生更大的爆发力。如果穿上钉子鞋跑步，在蹬地时钉子就会扎进跑道，等抬腿迈步时，钉子又能很容易地拔出来。这样，运动员脚踏地时便不会打滑，再借助蹬地时产生的反作用力，可以蓄积更大的力量，从而能跑得更快或跳得更远。

185 拳击运动员在比赛时为什么要戴手套？

拳击运动的力量都在一双拳头上，而运动员出拳的力量都很大，如果不戴手套，不仅容易伤到自己的手指、手腕等脆弱部位，还容易击伤对方。如果戴了特制的皮手套，拳头击打在对方身上的力量就可以减弱一些，而运动员自身受到的反作用力也小些，从而可以减少比赛中伤害事故的发生。

186 拔河比赛有取胜技巧吗？

根据作用力与反作用力原理，参加拔河的两个队，甲对乙施加了多大拉力，乙同时也对甲产生了一样大小的拉力。可见，双方的拉力并不是决定胜负的关键因素。取胜的技巧在于：第一，穿上鞋底有凹凸花纹的鞋子，能增大摩擦力；第二，选体重较重的队员参赛，队员的体重越重，对地面的压力越大，摩擦力也会增大；第三，采用一些技巧，例如用脚使劲蹬地、人向后仰等，都可以增大地面对脚底的摩擦力。

187 为什么运动场都是南北向的？

若以运动场为参照体，中午 12 时前，太阳光从运动场的东面向西直射；过了 12 时以后，太阳光又从运动场的西面向东直射。假如运动场是东西朝向的话，那么太阳光在上午或下午因直射或反射而使人目眩，势必会对运动员的训练或比赛及对在场上工作的裁判员带来影响。因此，在设计建造运动场时，应该尽量避免因太阳光的直射或反射引起的晃眼等不利因素，而将运动场建成南北朝向的。

| 北京的"鸟巢"体育场

188 场地自行车赛的赛道为什么是倾斜的?

我们有这样的常识,高速运动的车因为惯性大,拐弯很困难,低速运动的车拐弯很容易,而且高速运动的车拐的弯必须比低速车拐的弯更大,否则车会翻倒。场地自行车赛的赛道设计成有坡度的,就是为了防止赛车手在拐弯处偏离赛道而滑出路面。把弯道处垫高,可使部分离心力转换为车辆对地面的压力,这样就能尽可能地避免赛车冲出赛道的现象了。

189 羽毛球比赛为什么不能在室外举办?

羽毛球主要用羽毛做成,它的重量非常轻,而且羽毛球又像一顶降落伞,所以,稍微有一点儿风就会改变球的运动方向,使运动员无法准确击到球。羽毛球比赛如果在室外举办,室外难免有风,就会影响比赛的顺利进行。因此,羽毛球比赛不能在室外举办。

第二章

现代科技

知识的进步总是带来更深奥、更美妙的神秘问题，吸引着我们去进行更深一层地探索。有时探索的结果令人失望，可这又有什么关系。我们总是兴致勃勃且充满自信地钻研下去，发现更多超乎想象的奇妙和随之而来的更深、更美妙的奥秘。

190 科学家是怎样观察微小的原子世界的？

科学家观察原子采用两种方法：一是衍射法。用一束射线照到晶体上，由于原子中的晶体是有序排列的，所以射线在某些方向上得到增强，在另外一些方向上衰减，于是在照相底片或荧光屏上就显现一个衍射图样。另一种方法是，利用扫描隧道电子显微镜进行原子操作和观察原子排列状态。扫描隧道电子显微镜是根据量子力学中的隧道效应原理，通过探测固体表面原子中电子的隧道电流，来分辨固体表面形貌的。

191 什么是反物质？

物理学家狄拉克

1928 年，英国物理学家狄拉克预言存在一种"正电子"，它的质量、自旋、电荷量都与电子一模一样，只是带有正电荷，也就是反电子。后来有研究发现，不仅电子有反粒子，质子、中子等都有其对应的反粒子，分别叫作反质子、反中子等。反质子、反中子和反电子如果像质子、中子、电子那样结合起来，就形成了反原子，由反原子构成的物质就是反物质，与反物质相对的是正物质，即我们通常所说的物质。物质和反物质相遇后会湮灭，释放出大量能量。

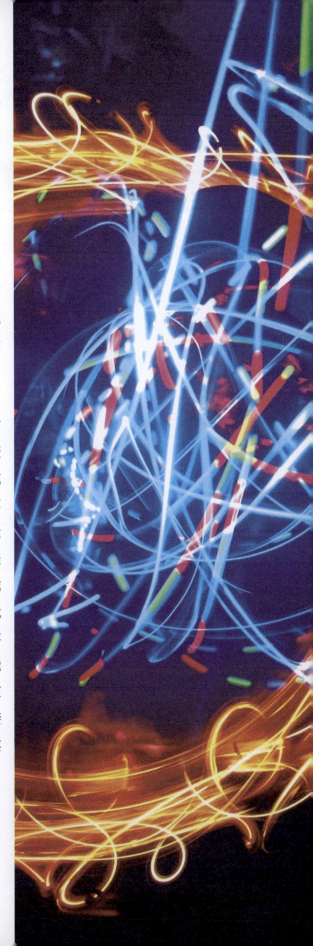

192 中微子是如何被发现的？

中微子个头小，不带电，可自由穿过地球，几乎不与任何物质发生作用，号称宇宙间的"隐身人"。科学家观测它颇费周折，从预言它的存在到发现它，其间经历了许多年。20 世纪 20 年代末，科学家对放射性进行研究时发现，原子核进行 β 衰变（原子核辐射出电子，转变成另一种核）时，前后能量不守恒，也就是说一部分能量不知去了哪儿。1930 年，美籍奥地利物理学家泡利便凭直觉预言了"小中子"（也就是后来所说的中微子）的存在，是它带走了那一部分能量。1956 年，美国物理学家莱因斯和柯万在实验中直接观测到了中微子，终于证实了泡利的假设成立。

193 物质的第四态是怎么回事？

物质通常有气态、液态和固态这三种状态，但如今科学界又提出了物质的第四态——等离子体。等离子体是一种由自由电子和带电离子为主要成分的物质形态，又称等离子态或超气态。等离子体是一种存在广泛的物态，目前，观测到的宇宙物质中99%都是等离子体，尽管它们分布的范围很稀疏。距地面几十千米的电离层，是与我们相距最近的空间等离子体，闪电、火其实也都是等离子体。

194 液晶为什么能用来显像？

液晶既不是液体，也不是晶体，而是物质的一种特殊状态。某些晶体有两个熔点，当温度介于这两个熔点之间时，晶体所处的状态就是液晶态。正常情况下，液晶看起来非常透明，可是，当给它通上直流电之后，它就变得不透明了，这叫电光效应。如果将液晶同某些染料混合，通电之后，颜色还会发生明显变化，这叫宾主效应。利用这两种效应，液晶被用于显示元件中，用来制作电视机、电脑显示屏及记分牌等。

¹⁹⁵超固态是怎么回事？

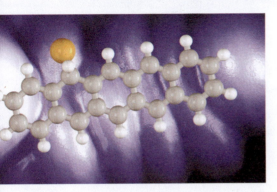

在 140 万个大气压下，物质的原子就可能被"压碎"，电子全部被"挤出"原子形成电子气体，裸露的原子核紧密地排列，物质密度极大，这就是超固态。一块乒乓球大小的超固态物质，其质量至少在 1000 吨以上。已有充分的证据表明，质量较小的恒星发展到后期阶段的白矮星就是这种超固态，它的平均密度是水的几万到 1 亿倍。

¹⁹⁶超流态现象是怎样被发现的？

1937 年，苏联物理学家彼得·列奥尼多维奇·卡皮察惊奇地发现，当液态氦的温度降到 −270.98℃的时候，它就由原来液体的一般流动性突然变化为"超流动性"，即可以无任何阻碍地通过连气体都无法通过的极微小的孔或狭缝（线度约 10 万分之一厘米），还可以沿着杯壁"爬"到杯口外。这种具有超流动性的物质状态称为超流态。但是，目前只发现低于 −270.98℃的液态氦具有超流态。

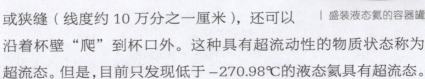

| 盛装液态氦的容器罐

103

电阻用来表示导体对电流阻碍作用的大小。在电路中，几乎每个元件都或多或少地存在电阻，像电阻率变为零的超导现象在常规情况下几乎不会出现。

197 导体的超导现象是怎么回事？

当温度降低的时候，一些导体的电阻率会降低。当温度足够低时，电阻率会降为零，这时候电阻就不存在了，超导现象出现。这种现象出现的原因很可能是由于温度太低，分子内部热运动骤然降低，甚至变为零，这时为这种导体充电，内部粒子的移动就变得很规则，电子的定向移动不会受到阻碍作用，对外就表现为没有电阻的超导状态。

198 半导体掺杂是怎么回事？

半导体的导电能力取决于它们的纯度。完全纯净的半导体导电能力很低，但只要往其中掺入百分之一的杂质，它的导电能力就能提高到 100 万倍以上。现今应用最广泛的半导体元素硅中掺入少量的磷或砷，就能得到 N 型半导体；如果掺入少量的硼或铟，则可得到 P 型半导体。如果把 N 型和 P 型半导体制成一个 P－N 结，就可以制作出各种半导体器件和集成电路。

199 在光的照射下，半导体为什么会产生电流？

在光的照射下，半导体能产生电流，这叫光电效应。能产生光电效应的材料有许多种，像单晶硅、多晶硅、非晶硅、砷化镓、硒铟铜等，它们的发电原理基本相同。现以硅晶体为例来了解光发电过程。P 型硅经过掺杂磷可得 N 型硅，形成 P－N 结。当光线照射半导体表面时，一部分光子被硅材料吸收，其能量传递给了硅原子，使硅原子的电子发生了跃迁，成为自由电子，在 P－N 结两侧集聚，形成了电位差。这时接上外部电路，在该电压的作用下，将有电流流过外部电路，产生一定的输出功率。这个过程的实质就是光子能量转换成电能的过程。

200 电的传播速度有多快？

光的传播速度就是光子的移动速度，而电的传播速度是指电场的传播速度，不是电子的移动速度。导线中的电子每秒能移动几米，就已经是很高的速度了。电场的传播速度非常快，在真空中这个速度接近于光速，即大约 30 万千米 / 秒。

201 电的传播过程是怎样的？

电的传播过程大致是这样的：电路接通以前，金属导线中虽然各处都有自由电子，但导线内并无电场，整个导线处于静电平衡状态，自由电子只做无规则的热运动而没有定向运动，当然导线中也就没有电流；当电路接通时，电场就会把场源变化信息以接近于光的速度传播出去，使电路各处的导线迅速建立起电场，电场推动当地的自由电子做漂移运动，形成电流。

202 激光同普通光有什么区别?

激光同普通光就本质来说是一样的,都是电磁波,传播速度都是 30 万千米 / 秒,但激光的产生和它的发光行为却与普通光有所不同。普通光是物质原子自发辐射产生的,而激光是物质的原子受激辐射产生的。激光是处于高能级的原子受外来光子激发而跃迁到低能级时所发出的光,称为感应辐射。相比普通光,激光具有高方向性、高亮度性、高单色性的优点,因此被应用在很多领域中。

203 光波与声波的区别在哪里?

光波是电磁波的一个波段。变化的磁场产生电场,变化的电场又产生磁场,这样电场、磁场在空间无限延伸,就形成了电磁波。电磁波以 30 万千米 / 秒的速度传播,不需要介质,可在真空中传播。声波是一种机械波,是物体发生振动时产生的纵波,即介质中的质点振动并带动下一个质点振动。声波必须依靠介质才能传播,它在空气中的传播速度约为 340 米 / 秒,在其他介质中的传播速度一般更快。人耳能听到的声波频率范围在 20 ~ 20000 赫兹之间。

204 超声波具有哪些特点?

超声波是人耳无法听见的,它具有很高的频率,可达 20000 赫兹以上(每秒振动 20000 次以上),因此它具有以下特点:方向性好,几乎沿直线传播;穿透能力强,能穿透许多电磁波不能穿透的物质;在媒质中传播时能产生巨大的作用力,可用来切割硬质材料、凿孔等,也可以用来清洗和消毒等。

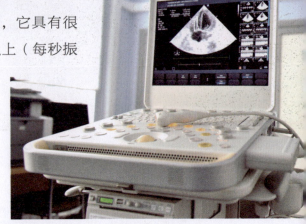

和普通声波一样,超声波碰到障碍也会产生回声。由于不同障碍物会产生不同回声,所以通过仪器将回声收集并显示在屏幕上,可了解物体的内部构造。

205 次声波具有哪些特点?

次声波是指频率在 20 赫兹以下的低频率声波。许多自然灾害如地震、火山爆发、龙卷风等,在发生前都会产生次声波。次声波不容易衰减,不易被水和空气吸收,且波长往往很长,因此能绕开某些大型障碍物发生衍射。有些次声波能绕地球 2~3 周。有些次声波由于频率和人体器官的振动频率相近,容易和人体器官产生共振,对人体有很强的伤害性,严重时甚至可致人死亡。

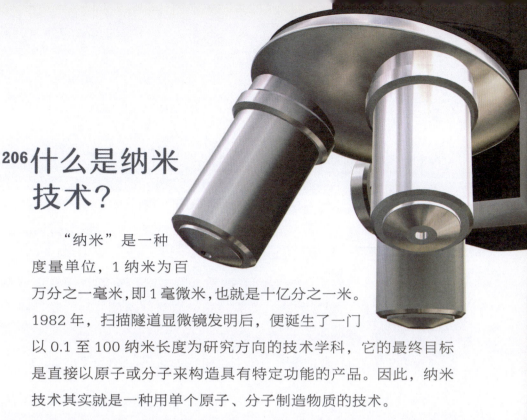

206 什么是纳米技术？

"纳米"是一种度量单位，1纳米为百万分之一毫米，即1毫微米，也就是十亿分之一米。1982年，扫描隧道显微镜发明后，便诞生了一门以0.1至100纳米长度为研究方向的技术学科，它的最终目标是直接以原子或分子来构造具有特定功能的产品。因此，纳米技术其实就是一种用单个原子、分子制造物质的技术。

207 纳米材料为什么大受欢迎？

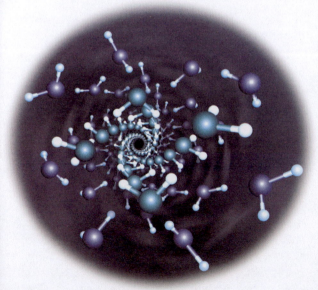

| 纳米物质的结构模型

将某种物质的颗粒加工到纳米级大小，再用这些小微粒做成的材料就叫纳米材料。纳米材料在电、磁、光和化学方面的性质，比起普通材料要奇特得多。例如，用金属做成的纳米材料不仅硬度提高了数倍，而且变成了绝缘体；用陶瓷做成的纳米材料不再有易碎的特点，相反变得非常有韧性。纳米材料拥有诸多优点，因此大受欢迎。

208 什么是智能材料？

近几十年来，科学家们一直致力于把高技术传感器或敏感元件与传统的结构材料和功能材料结合在一起，赋予材料崭新的性能，使它们能随着环境的变化而改变自身的性能或形状，就像具有"智能"一样，这就是智能材料。智能材料具有"感觉"，可以"发现故障"并进行自我修复。例如，在智能混凝土材料中，预先埋入大量装有裂纹修补剂的空心纤维，当混凝土受压开裂时，修补剂会自动释放出来，把裂纹重新黏结起来。

209 为什么称氘 (dāo) 为未来的燃料？

氘又名重氢，是氢的同位素。重水就是由两个氘原子和一个氧原子组成的。海水中氘的含量为 0.03 克 / 升，然而，就是这微小的氘，在核聚变时产生的能量足以与 300 升汽油燃烧获得的能量相当。地球上的海水估计有 137 亿立方米，因此海水中氘的总贮存量约有 41 万亿吨。假如有一天我们能够控制氘的核反应，那么从海水中提取的氘，将会成为一种非常有前景的能源。

海水里含有的重水比较多，特别在晒盐以后剩下的苦卤里，重水的含量要比普通水中的高20%，这就给从海水里提取氘开辟了广阔的前景。

210 什么是基因?

基因是每一种生物有机体内部含有的遗传物质，是生物及其特性可以一代一代延续下去的基本单位。我们人类以及动物、植物和微生物体内有成千上万的基因。俗话说"种瓜得瓜，种豆得豆"，这种生物的特性之所以能够一代一代传递下去，就是靠基因来控制的。

²¹¹什么是染色体？

染色体位于细胞核内，是一种由 DNA、蛋白质及 RNA 等组成的核蛋白复合物，是基因的载体。

染色体是人体的遗传物质，决定每个人的身高、发育、长相、智力等各种情况。人类有 23 对染色体，即 46 条染色体。其中 22 对称为常染色体，第 23 对称为性染色体。性染色体决定人的性别，包括 x 染色体和 y 染色体。女性有两条 x 染色体，男性有一条 x 染色体和一条 y 染色体。

来自父亲的精子和来自母亲的卵子各有 23 条染色体，当精子和卵子结合形成受精卵，它们携带的每一条染色体都会找到与自己匹配的染色体，从而凑成一对，所以受精卵携带着 46 条染色体，父母双方都会将自己一半的遗传基因传递给未出生的婴儿。这就是我们长得既像母亲又像父亲的原因。

²¹²克隆技术是怎么回事？

克隆技术，即无性繁殖技术。通常有性生殖指由精子和卵子结合发育成胚胎，经妊娠后发育成新的个体。克隆技术不需要精子和卵子的结合，只需从动物身上提取一个体细胞，用人工的方法将其培育成胚胎，再将胚胎植入雌性动物体内，就可孕育出新的个体。这种用体细胞培养出来的克隆动物，具有与体细胞供体完全相同的特征，是体细胞供体的复制品。

| 世界上第一只克隆羊——多莉

213 为什么很多交通工具都拥有成流线型的外形？

物体的外形能够影响气流的流动状况。当空气流过宽且有角的物体时，例如一辆大卡车，空气就会受到一定阻碍，但是当空气流过纤细且有柔和线条的物体时，例如一辆流线型的轿车，气流流动受到的阻力会明显降低。因此，人们把赛车、喷气式飞机、火箭和其他一些高速行驶的交通工具都设计成流线型的外形，这样可以降低空气对其产生的阻力，有助于它们高速运行。

214 为什么方程式赛车的样子很古怪？

方程式赛车的外形非常奇特，车身特别矮，前面还装有一块薄板，车轮却又宽又大。方程式赛车的速度特别快，车身矮有利于降低空气阻力。车身前面的薄板叫作扰流板，能阻止赛车在高速行驶时迎面而来的气流下钻，从而减小气流对车的举升力；同时，气流改由车顶通过，反而增强了轮胎和地面的附着力，提高了赛车操纵的稳定性。赛车的轮胎特别宽大，是为了最大限度地增强赛车对地面的附着力。赛车在急转弯或加速时，重量主要落在后轮上，因此，后轮设计得更为宽大，以提升赛车的稳定性。

215 汽车的前窗玻璃为什么不做成垂直的？

汽车的前窗玻璃如果与地面垂直，车内的景物就会在前窗玻璃上形成虚像，反射进司机的眼睛里，影响司机的视线。如果将汽车的前窗玻璃变成倾斜的，这种情况就可以避免了。另外，倾斜的前窗玻璃还可以减小行驶中产生的空气阻力，并且看上去也更加美观大方。

216 为什么汽车的后窗不能打开？

汽车两边的窗子都能打开，而后面的窗子却不能打开。原来，这与汽车外部的空气流动有关。汽车向前行驶时，会不断排开前方的空气，这样两旁及后面的空气就会流向前方来补充。要是打开了后窗，外面的灰尘会跟着补充气流一起向前，一下子卷进车厢里，使车厢内的空气变得污浊不堪。因此，车后窗是万万不能打开的。

217 汽车前后那么多灯都是干什么用的？

汽车的前后有许多灯，这些灯可不是摆设，而是各有各的用处的。前面那两个大大的灯是照明灯，可以在暗处照亮前方的路。大灯两旁的两个小黄灯，叫转向灯，打开哪边的灯，就表示车向哪边转弯。遇到大雾天气，要打开前方两个黄色的雾灯。后面也有两个照明灯，在夜晚开车时会亮，用来提示后方车辆保持距离。倒车时，这两个灯也会亮。后面也有一对跟前面一样的转向灯。除此之外，后面还多了两个红色的灯，它们叫刹车灯，当踩下刹车踏板时它们会亮起来。

218 汽车前灯的玻璃灯罩上为什么有条纹？

从汽车前灯发出的光本来是笔直的，这样只能照到前方，而无法照到周围。安上有横竖条纹的玻璃罩，可以折射光线，使光线拐弯，照射到的范围更大，使驾驶员可以看清前面的路面、路边的景物以及道路标志等。

219 为什么汽车雾灯用黄光而不用醒目的红光？

不用比较醒目的红光，是因为雾灯的光必须具有散射作用，才能让光束尽可能向前方散布成面积较大的光簇，使迎面来车的驾驶员既能看清目标又不觉得刺眼，而黄光的散射强度是红光散射强度的5倍。由此可见，采用黄光作为汽车雾灯比用红光效果好得多。

220 为什么汽车大都用后轮驱动？

我们常见的汽车大都是用发动机通过一根长长的传动轴带动后轮转动，来使汽车前进的，这叫作后轮驱动。之所以这么设计，是因为前轮驱动会使汽车的操纵性变差。汽车的大部分重量都集中在汽车前部，后部会变得轻一些，这样后轮的附着力就会变小，在光滑路面上行驶车尾容易发生侧滑。另外，后轮驱动的汽车在加速时，牵引力不由前轮发出，所以在加速转弯时，司机会感到有更大的横向握持力，操作性能更好。

221 汽车为什么要装 ABS？

ABS 是"防抱死刹车系统"的英文缩写，它是一种具有防滑、防锁死的刹车控制系统。如果没有安装 ABS，高速行驶的汽车在踩下急刹车后，四个车轮会立马处于停止状态，即车轮被锁死，这时车的惯性会使车继续运动，使车出现侧滑、跑偏、方向不受控制等危险状况。ABS 可以让车轮停停转转，好似机械装置中的"点刹"。以这种模式运转，既可保证车子往前方挪动，又能避免发生意外事故。

222 为什么汽车轮胎上有各种花纹？

汽车轮胎上的花纹，是为了防止车轮在路面上行驶时打滑的。特别是当汽车在积水的路面、泥地、雪地上行驶时，没有花纹的汽车轮胎常常会在原地打转，根本没法前进。带有花纹的车轮，因为增大了与地面之间的摩擦力，所以能紧紧"抓"住地面，使车平稳行驶。

223 驾驶员的"救命宝囊"是什么？

为了防止汽车撞击时对人体造成伤害，人们发明了安装在方向盘上的安全气囊，它是驾驶员的"救命宝囊"。当汽车发生

猛烈碰撞时，气囊内的化学物质会迅速发生化学反应，释放出大量氮气，使气囊充气膨胀。这种反应发生在几十秒内，安全又快捷，可以阻止驾驶员由于惯性撞向方向盘和玻璃车窗，降低对人体造成的伤害。

| 出现紧急情况时，方向盘上的安全气囊会立即弹出。

²²⁴为什么拖拉机前轮小而后轮大？

拖拉机的前轮主要是用来引导方向的，因此也叫导向轮。要是把前轮做得宽大，拖拉机手在调整方向盘转动拖拉机前轮时，为了克服轮子所受到的阻力，就必须花大力气，会导致操纵不灵便。田野里土质松软，并且坎坷不平，假如前轮又宽又大，地面对它的阻力也会增大，这样拖拉机就要消耗许多动力，因此缩小前轮可增加动力。

²²⁵为什么有的车后面拖着一条"铁尾巴"？

车在快速行进的过程中因为与空气急剧摩擦容易产生静电。当静电电量达到一定程度时，就会产生火花，从而对车和人造成伤害，如汽车起火、击昏人员等。在汽车车厢后部装上铁链或接地铁杆这样的"铁尾巴"，可以将多余的静电传导到地面上，这样就不会危害车和人的安全。像装载油料、化学品的车辆，为了安全起见，都会安装这种"铁尾巴"。

226 为什么电车总拖着两根"长辫子"？

与汽车不同，电车是用电力来驱动的。然而，电车自己不能发电，而是靠头顶上的两根"长辫子"来获取电力的。这两根"长辫子"其实是带有触轮的集电杆，其中一根从架空的电线上引下高压直流电，供电动机驱动车辆，另一根则负责把电传回电线，这样就形成一个闭合的回路，电车因此有了源源不断的电力。

227 为什么电车以直流电为电源？

这是因为交流电动机的转速不容易控制，而直流电动机的转速能够随着负载量的大小而自动改变。例如，当电车上桥、上坡或起步时，负载会很大，这时电动机的转速会自动减慢，通过电动机的电流会自动加强，使电动机的动力适当加大来拖动电车。由于直流电动机能随驾驶人的意志加快或减慢，使电车行驶更安全，所以电车电源要用直流电。

228 为什么交通灯要用红、绿、黄三种颜色？

这是因为红光的波长最长，穿透空气的能力也最大，而且它的颜色醒目，更能引起人们注意，因此把红灯作为禁行信号。黄光的波长也较长，穿透力也很强，所以把黄灯作为警示灯。绿光的波长也比较长，但由于绿色和红色反差最大，很容易分辨，所以将绿灯作为通行灯。

229 为什么高速公路不用路灯照明？

公路上使用的路灯照明度较差，而且是散射光，会使长途行驶中的驾驶员眩目，因此高速公路都不用路灯，而是把反光膜铺贴在路边的交通标志上，成为反光标志。晚上，在汽车前灯的强光照射下，反光膜会将光线定向反射，照亮路面，并能将各种交通标志清晰地显示出来，让驾驶员看到。

²³⁰ 为什么高速路上行车要限速？

限速是出于安全考虑。汽车在高速行驶时，车身周围快速流动的空气会对车身产生向上的升力，而且车速越快，升力越大，这就有可能使汽车脱离地面行驶，从而引发翻车事故。因此，限制车速很重要。我国规定，高速公路上的车辆速度一般不得超过 120 千米／小时。

²³¹ 为什么超速车辆躲不过警察的电子眼？

电子眼全称"智能交通违章监摄管理系统"，目前广泛用于城市交通监控，该系统中的雷达测速仪主要用来测量汽车是否超速。它的工作原理基于多普勒效应，它向被测目标发射无线电波，无线电波照射到运动物体上时，会产生一个与运动物体速度成比率变化的回波，其大小正比于物体运动的速度。雷达测速仪通过检测发射出的无线电波及回波之间的频率变化，计算出该波所碰撞到的车辆的速度。因此，超速车辆很难逃过无处不在的电子眼的监控。

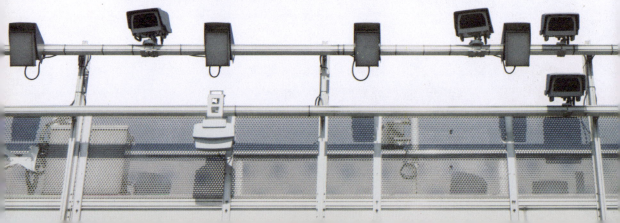

232 行进中的自行车为什么不会倾倒？

行进中的自行车和人是一个整体，这个整体的重心是可以调节的，通过人身体的倾斜、自行车车头的摆动再加上自行车向前的运动（因惯性作用而向前做直线运动）来调节。这个人与车的整体有两个支点，一个是后轮与地面的交点，一个是前轮与地面的交点。骑车时，人时刻在调节位置，让重心始终保持在两支点的连线上。当重心在两支点的连线上时，自行车就不会倒；而自行车静止时，因为无法调节重心位置，所以容易倾倒。

233 变速自行车为什么能变速？

变速自行车是通过调整前后两个齿轮的搭配，来达到变速效果的。前齿轮调的越大骑着越省力，但是速度会慢下来；后齿轮调的越小骑着越费力，但速度快。这是因为不同大小的齿轮所需的转动力大小不一样，彼此的速度也不同。上坡时，采用最大的前齿轮和最大的后齿轮搭配，所需的蹬踏力非常小，所以上坡会觉得很轻松。在平坦的道路上，将车挡调到较小的齿轮上，可以加快骑行速度。

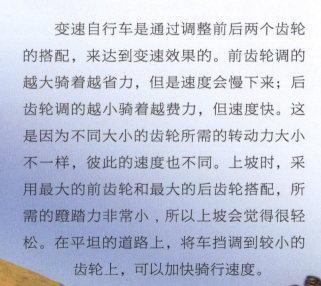

234 火车为什么要在铁轨上行驶？

这是因为火车本身的重量很大，负荷也大，如果直接在石子路或水泥路上行驶，会压坏路面。铺设于枕木上的路轨可降低火车对路基的压强，而且在上面行驶还能降低滚动阻力，提高运行速度。另外，依靠两条路轨的固定间距和车轮及钢轨间的固定关系，火车操纵起来比较简便，只需沿着铁轨方向行驶就行。

235 火车启动时为什么要倒退一下？

火车的车厢之间是通过挂钩相连的。如果挂钩之间很紧，火车头就无法一下子拉动整列火车，而后退一下是为了使车厢之间的挂钩产生空隙，这样火车头就可以通过拉动每个单节车厢来带动整列火车了。根据这一理论可知，火车头同时带动整个火车所需的动量比一节一节启动车厢所需的动量大，所以火车启动是一节一节的车厢开始运动的，而不是所有的车厢同时开始运动的。

236 火车的鸣笛声为什么时而高亢，时而低沉？

在日常生活中，我们都会有这种经验：当一列鸣着汽笛的火车驶向我们时，我们会发现火车汽笛的音调变高了；反之，当火车远离我们时，会发现汽笛的音调变低沉了。音调由频率决定，静止的火车鸣笛，人耳听到笛声的音调是不变的；而运动的火车鸣笛时，人耳感觉到音调变了，这说明人耳接收到的声波频率发生了变化，这种变化与火车和人之间的相对运动有关。因为声波传播速度不变，所以是火车高速行驶引起了声波波长的改变，导致人耳接收到的声波频率发生了变化，因此人耳感觉到音调高低的变化，这种现象被称为多普勒效应。

237 为什么乘坐动车组列车比一般列车舒服？

在乘坐普通列车时，车轮经过每段轨道的接缝时，会产生剧烈的震动，让人感觉很不舒服，而在动车组列车上却不会出现这样的情况，乘客会感觉非常平稳。这是因为动车组列车的铁轨和普通铁轨不一样，各段铁轨之间没有缝隙，这样就避免了列车震动。另外，动车组列车轨道是完全隔离封闭的，路轨保养在最好状态下，保证了列车在高速下平稳行驶。

238 独轨铁路是什么样子的？

人们常见的铁路，都是车辆在两根铁轨上运行的。独轨铁路是由架空的单根轨道构成的铁路。独轨铁路按其支承车辆的方式分为悬吊式和跨座式两种。悬吊式独轨铁路的轨道架设于支柱上端，车辆的车轮在车厢的上方，并支承于悬空轨道的钢轨上，车辆可以对称或非对称布置，也可以单个或成双布置。跨座式独轨铁路的轨道通常为支柱上端的预应力钢筋混凝土梁，其上铺设铁轨，车轮自车厢的下部支承车厢于铁轨上。

| 独轨列车

239 你见过没有轮子的列车吗？

气悬浮列车和磁悬浮列车都是没有轮子的，它们的优点是噪音小、速度快。气悬浮列车是向轨道上喷射压缩空气，使列车和轨道之间形成一层空气垫，再用列车后面的螺旋桨式发动机推动列车前进。磁悬浮列车则是利用磁体间相同磁极相斥的原理，使列车悬浮在轨道上，然后再用发动机推动列车前进。

| 上海的磁悬浮列车

240 轮船看不见轮子，为什么叫 "轮船"？

轮船最早出现时是有轮子的，只不过当时轮子是一个动力工具，就好像橹或桨一样，叫转轮，靠蒸汽机带动，用来拍打水使船前进。现在的船已没有了那种轮子，取而代之的是藏在水下的螺旋桨，但 "轮船" 这个名字却被保留了下来。

241 轮船上的 "大鼻子" 有什么妙用？

有些货船或油船的船头下端伸着一个 "大鼻子"，其实它叫球鼻艏。由于船在航行时激起的波浪会对船的行驶造成阻力，而只要安上这样一个形状、大小适当的 "大鼻子"，就能减小航行阻力，提高船速。另外，这个 "大鼻子" 还能增加船的浮力，提高载重量。

242 轮船为什么要逆水靠岸？

　　汽车、火车都有刹车，能使车辆较快地停下来，可轮船却没有刹车装置，因为轮船是浮在水上的。在紧急情况下，轮船会利用抛锚和倒开的办法迫使船停下来。至于逆水靠岸，当然也是为了让船停下来，只不过是利用了水流的阻力来迫使船停止。

243 轮船的底部为什么要涂红色的漆？

　　轮船在吃水线下面的这部分船壳一直浸泡在海里，容易受海水腐蚀。同时，海里生长的凿船贝、海葵等动物附着在船底，不但使船壳受损，还会增加船的重量，从而影响航速。所以，人们会在船底涂上含有氧化铜、氧化汞、氧化铁的油漆，这些物质都是红色的，并且有毒性，不仅防锈，还可抑制海洋生物附着生长。

244 气垫船为什么能离开水面行驶？

气垫船之所以能离开水面行驶，秘密全在它的船底上。气垫船发动时，船上几台威力很大的鼓风机，不断地向船底的水面喷出高压空气。这些高压空气被船底四周的围裙挡住，就形成了一个无形的气垫。同时，甲板上的螺旋桨推动船只前进，气垫船便能离开水面航行了。因为气垫船能产生"气垫"，所以它不但可以在水上航行，还可以在陆地上行驶。

245 水翼船为什么能行驶得那么快？

在各种交通工具中，船舶航行的速度是比较慢的，一般时速只有 20～30 千米，可是，水翼船的时速可达到 100 千米以上。水翼船的船底装着宽大扁平的水翼，就像鸭子的脚蹼。当船在水中的行驶速度越来越快时，水翼就会受到一种向上的升力，直到把整个船身都托出水面，靠水翼贴着水面滑行。这样，整个船身由于不再受到水的阻力，所以航速就会特别快。

246 电磁船没有螺旋桨，靠什么前进？

我们知道，一般船的船体上都有螺旋桨、轴和舵，但新型的电磁船却抛弃了这些传统的部件。电磁船的船体上安装了一组超导线圈。行驶时，在超导线圈上通以强电流，使船只周围的海水产生强大的磁场。同时，在海水中设置电极，利用海水的导电特性形成通电回路，从而使海水带电。这样，带电的海水在强大磁场的作用下就会产生一种使海水发生运动的电磁力。于是，船体就在这种电磁力产生的反作用力推动下向前行驶。

247 破冰船为什么能破冰？

同其他船相比较，破冰船的船体特别坚实，船壳钢板比一般船舶厚得多。船体宽大，便于在冰层中开出较宽的航道；船身短，因而进退和变换方向灵活，操纵性好；吃水深，可以破碎较厚的冰层；马力大，航速高，当向冰层猛冲时，冲击力大；船头设计成折线型，因此可以"爬"到冰面上，将冰压碎；船头、船尾和船腹两侧都装备有很大的水舱，遇到厚冰层或船体被困时，可注满水增加重量，使船体部分翘起，或产生摇摆效果，来实现破冰。

| 行驶在南极海上的破冰船

248 飞机的机翼是如何帮助飞机飞上蓝天的？

飞机之所以具有上升力，主要是由机翼产生的。由于机翼上下两表面的形状不同，所以空气在流过机翼上下表面时所产生的压力也会产生差异：上表面是弧形的，产生的压力稍微小一点；下表面是平面的，产生的压力略大些。飞机在起飞前需要滑行，随着速度的增加，机翼上获得的压力差所产生的向上的升力也在不断增大，当升力超过飞机重量时，飞机就飞起来了。

²⁴⁹现在的飞机为什么大多是单翼的？

早期的飞机，由于没有好的发动机，结构材料也比较粗糙，所以飞行速度并不快，要想飞起来，只有加大机翼，来获取足够的升力，因此多为双翼机、三翼机。随着航空技术的发展，飞机发动机的改良，材料的优化，飞机速度有了极大的提高，即使没有那么多机翼也能产生足够的升力，因此飞机逐渐都改成了单翼的。

²⁵⁰为什么高速飞机的机翼越来越短？

飞机是靠机翼产生升力，把飞机托上天空的，机翼越大，升力就越大。但是，从另一方面来看，机翼在飞行中也会产生阻力，机翼越大，阻力也越大。因此，在高速飞行的情况下，人们总是设法把机翼做得越短越好。然而，这会不会使升力不够用呢？当飞机在空中飞行时，速度越快，产生的升力就越大，因此短机翼产生的升力是够用的；当飞机在起飞时，因为速度比较小，飞机需要在地面上滑行很长的距离，达到较快的速度以后才能起飞，这就导致了机场跑道的加长。

| 超音速飞机掠过天空。

251 超音速飞机飞行时为什么会发出打雷一样的响声？

飞机在超音速飞行时，机头、机翼、机尾等处的空气会发生急剧的压力变化，产生强烈的前激波和后激波。前后两个激波经过的时间间隔为 0.12 ～ 0.22 秒。这两道激波的强度都很大，传到人的耳朵里，使耳鼓膜受到突然的空气压强变化，人耳就感觉是两声雷鸣般的巨响，这种响声被称为音爆。音爆只在飞机进行超音速飞行时才会出现，它的强弱以及对地面影响的大小，与飞机的飞行高度有着直接关系。

252 直升机为什么能够悬停在空中？

同其他飞机一样，直升机也需要足够的升力，才能实现飞行。直升机的升力是由在它头顶上旋转的旋翼产生的。当直升机停在半空中不动时，它的旋翼仍然在不停地转动，旋翼所产生的升力正好与直升机的重力大小相当，这样，直升机就可以稳稳地悬停在这一高度上了。

253 隐形飞机是人眼完全看不到的吗？

隐形飞机所谓的"隐形"，是指不能被雷达发现，就好像隐形了一样，但用人眼依然是可以看到的。隐形飞机通常身体扁扁的，机翼和机身连接得很巧妙。另外，飞机表面还涂了一层特殊的材料，可以吸收雷达波，使它有去无回。这样一来，隐形飞机就能躲过雷达的侦察了。

| 飞机上的"黑匣子"

254 飞机上的"黑匣子"是干什么用的?

"黑匣子"是一种能自动记录飞机飞行信息的磁带记录器。飞机失事后,人们总要寻找"黑匣子",是因为它记录了机毁前 30 分钟的飞行信息,包括失事前飞机的高度、航向、速度,以及机舱内谈话、引擎的声音甚至飞机坠毁时的爆炸声等。这些信息有助于人们弄清飞机失事的真正原因。为了便于寻找,"黑匣子"并不是黑色的,而是被涂上了艳丽的颜色。

255 飞机上为什么装有红、绿、白三盏航向灯?

这三盏灯是飞机的指示灯。为了有效避免空中交通事故,飞机在夜间必须要亮灯行驶,一般左侧是红灯,右侧是绿灯,机尾是白灯。如果同时看到红绿两盏灯,说明有飞机迎面而来。如果只看到红灯或绿灯,说明有飞机在自己的右侧或左侧。如果同时看到三盏灯,就可以判断有飞机在自己的上方或下方。有了这些灯,飞机就能在一定程度上避免空中交通事故了。

256 空中也有"交通车道"吗？

我们总是抱怨受到地面上各种交通车道的管制，羡慕飞机在天空中自由自在地飞行。其实，飞机也是在一条条的"车道"上飞行的，也有专门的空中交通管理部门负责建航路，划航线，疏导空中交通，并向航空部门提供飞行情报。控制人员对管辖的空域实施合理的调度和监控，保证了飞机运行的安全和空中运输的高效率。

257 为什么说小鸟是飞机的"杀手"？

现在的飞机大多都是喷气式的，它们的发动机在转动时，需要从大大的进气口吸入很多空气，因此会形成一股很强的气流。如果这时候小鸟在飞机身旁飞，那么它就可能会被这股气流吸到发动机内，导致发动机工作故障，从而造成机毁人亡的事故发生。因此，说小鸟是飞机"杀手"一点也不过分。

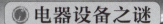

258 微波炉不用火为什么也能加热食物？

微波炉加热食物时，用一种叫微波的高频电磁波取代了火的作用。微波有一个非常奇特的习性，遇到金属会发生反射，遇到绝缘物体却能够穿过去，但遇到像肉类、禽蛋、蔬菜这些含有很多水分的食物时，便会和其中所含的水分子一起振荡，引起分子与分子之间的相互摩擦，从而产生大量的热。这种振荡是在食物里外各个部分同时发生的，所以被加热的食物能在几分钟内，里外各部分都统统热起来，很快被加热。

259 电磁炉是如何高效工作的？

　　作为一种新型的加热器具，电磁炉的加热方式与传统灶具完全不同。电磁炉是通过电子线路板产生交变磁场，当含铁质的锅具底部放置在炉面上时，锅具切割了交变磁力线，从而在锅具底部产生交变的电流，即涡流。涡流使锅具内的铁分子高速无规则运动，分子互相碰撞、摩擦产生热能，使锅体变热，来加热食物，因此制热效率极高。

260 为什么电饭锅能自动煮饭？

　　电饭锅是利用底部的发热盘来给锅加热的。电饭锅之所以能够自动煮饭，关键是有个自动温控装置。在发热盘的中央有一圆孔，孔内有一感温软磁，它借着弹簧向上顶贴着锅底。这块软磁在100℃或100℃以下时可被永久磁铁吸引，使开关处于接通状态。但当温度升至103℃时，软磁就失去磁性，不再受永久磁铁吸引，从而使开关断开，进入保温状态。

²⁶¹ 抽油烟机为什么能把油烟吸走？

在接通电源后，抽油烟机上的左右电机带动左右离心式风轮高速转动，风扇中心处以及风道内形成负压区。空气和油烟沿着蜗壳内壁涌向负压区，经风道，从排气口排出。在排除油烟的过程中，油烟中的部分高温油颗粒在风轮离心力的作用下被甩向蜗壳内壁，并附着在蜗壳内壁上，凝结成油滴后，在重力作用下流入凝油回收装置。

²⁶² 为什么吸尘器能吸尘？

吸尘器主要由电动机、风机、过滤器、储尘室、消音装置、外壳及其他附件组成。吸尘器靠电动机高速驱动风机叶轮旋转，使空气高速排出，而风机前端吸尘部分的空气不断地补充风机中的空气，致使吸尘器内部产生瞬时真空，和外界大气压形成负压差。在压差的作用下，外界含灰尘空气被吸入，经过滤器过滤，变成清洁空气再排出，尘埃则滞留在储尘室内，实现了吸尘的目的。负压差越大，风量越大，吸尘能力越强。

263 为什么洗衣机能把衣服洗干净？

不论是波轮洗衣机，还是滚筒洗衣机，它们的洗衣原理都一样，洗涤过程主要在机械产生的排渗、冲刷等机械作用以及洗涤剂的润湿、分散作用下，将污垢拉入水中，来实现洗净衣物的目的。以波轮洗衣机为例，洗衣机依靠装在洗衣桶底部的波轮正、反旋转，带动衣物上、下、左、右不停地翻转，使衣物之间、衣物与桶壁之间在水中进行柔和地摩擦，并在洗涤剂的作用下实现去污清洗。

264 为什么洗衣机能甩干湿衣服？

洗衣机的甩干筒壁上有许多小洞，当我们将湿衣服放进去甩干的时候，甩干筒飞快地旋转，而衣服里的水滴在离心力的作用下被甩离衣服，从甩干桶的小洞跑出去了，所以衣服就被甩干了。

265 电冰箱为什么能制冷？

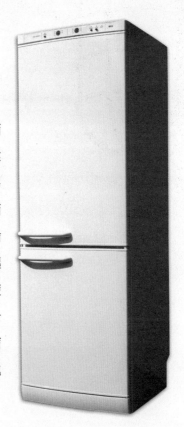

电冰箱主要由制冷系统、控制系统和箱体三大部分组成，其中制冷系统最重要，靠专门的制冷剂来工作。制冷剂是一种很容易汽化的液体。这种气体在循环时，经电冰箱压缩机压缩，变成液体；这种液体被迅速输送到低压处，它会立即还原成气体并膨胀起来。这时，它会从周围吸走大量的热量，使箱体内的温度降下来，这就是电冰箱的制冷原理。接下来，制冷剂气体再由压缩机压缩成液体。如此循环往复，电冰箱就能不断地制冷了。

266 空调为什么既能制冷又能制热？

空调制冷的原理同电冰箱一样，只不过制冷空间由箱体变成了房间。制冷时，空调利用制冷剂液体在低压下汽化吸收室内的热量，再通过室外机（此时为冷凝器）将热量向外排出，达到降温的目的。制热时，其工作原理正好和制冷相反。制冷剂在室外机（此时变为蒸发器）吸收外界的热量并汽化，然后在室内机（此时为冷凝器）中液化并释放出热量。

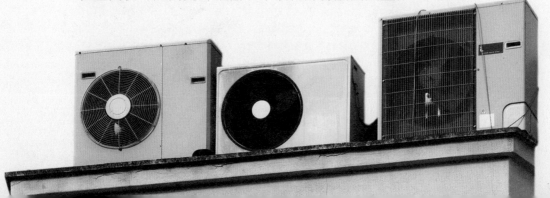

267 声控灯为什么有声音就会亮？

声控灯内置了光控开关与声控开关，它们串联后与电灯连接。光控开关里有一个检测光线的光传感器，它的作用是白天有光的时候断开电路，天一黑则连通电路。声控开关的关键装置是声传感器，它能将声波以电信号的形式输出，电信号再经过专门的芯片处理，就可以控制电子开关。夜晚，只要有声音，声控开关就会打开，使灯变亮。

268 遥控器为什么可以遥控电器？

遥控器之所以能遥控电器，离不开一种叫红外线的电磁波。我们手里的遥控器就是红外线的发射器，接收器一般在电器的正面。红外线发出后，照射到电器的接收器上，由接收器把它转换成电信号，从而使电器执行信号操作。

269 为什么有时触摸家电的金属外壳会有麻手的感觉？

这是因为许多家电在工作时会产生微弱的感应电流，人手一触摸到金属外壳，便可以感觉到。原来，很多家电内部都安装着电动机、变压器之类的电气设备，它们在工作时会产生磁场。如果有部分磁力线穿过金属外壳，根据电磁感应原理，在金属外壳中就会感应出电流。这个电流很微弱，不会对人体造成伤害，仅仅产生麻手的感觉。如果将这类家电接上地线，就不会出现这种现象了。

270 有金属外壳的家用电器为什么要用三孔插座？

三孔插座上有专用的保护接零（地）插孔，也就是我们常说的地线。万一电器的金属外壳带电，如果没有这根地线，那么人和大地就构成了回路，会有电流从人体流过，人就会触电。有了这根地线，当人碰到带电金属外壳时，由于人的电阻比导线的电阻大，那根地线相当于把人这个电阻给短接了，人体内就不会有电流通过了。

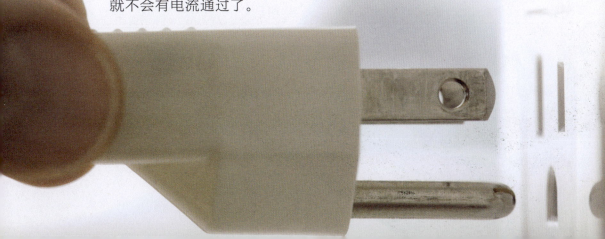

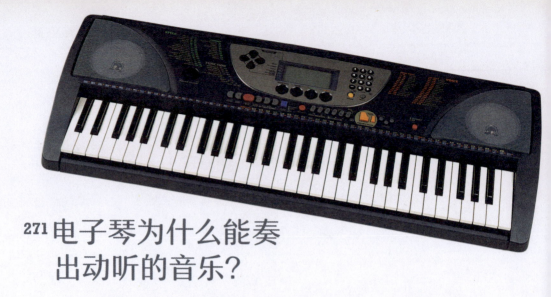

271 电子琴为什么能奏出动听的音乐？

传统乐器的声音是通过机械方法产生的，电子琴的声音是用"电"产生的。电子琴内部装有许多振荡器。振荡器能根据需要产生一定频率的振荡信号。振荡信号通过分频器分解成不同频率的信号，输送到放大器。放大器将信号放大，在扬声器内发出声音。键盘的每个按键都相当于一个开关，只允许某一种频率的信号到放大器里去，扬声器就发出一个音来。这样，只要按照一定规律来按键，就能奏出美妙的音乐。

272 静电复印机为什么能复印图文？

静电复印机是利用正、负电荷能够相互吸引的原理制成的。硒鼓充电以后，经过光照处理，照光部分的电荷就会消失，文字、图像等遮光部分的电荷则不会消失。当复印的黑粉撒到硒鼓上时，有文字、图像的地方由于相对应的硒鼓带电，可以吸引黑粉，这样就可把原稿上的字或图转印到一张白纸上了。

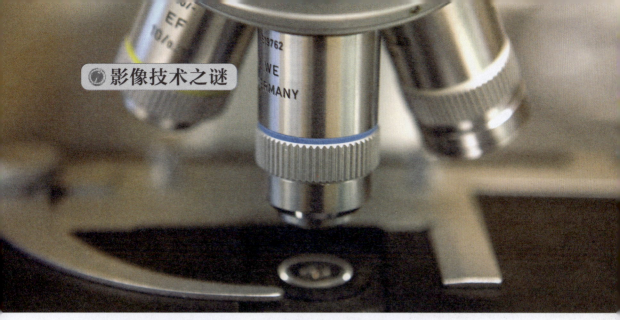

273 显微镜为什么能把物体放大？

显微镜的镜筒两端各有一组透镜，都为凸透镜。其中离被观测物体近的透镜叫物镜，其焦距较短；离眼睛近的透镜叫目镜。来自被观察物体的光经过物镜后成一个放大的实像，这个实像作为目镜的目标被再次放大，为一个放大的虚像。物体经过两次放大，就能被肉眼清楚看到了。显微镜的放大倍数等于物镜的放大倍数乘以目镜的放大倍数。

274 光学显微镜的放大倍数为什么不能无限增加？

光学显微镜是靠可见光线来反映物像的。如果被观察的物体比可见光波长的一半还小，光线照射到它们身上时就会绕过去，因得不到反射光而成不了像，于是我们也就探视不到它们的形态。可见光的波长都比较长，波长在 0.4 ~ 0.77 微米间，因此当被观察的物体小于 0.2 微米时，它们在光学显微镜下就无法被看见。所以，光学显微镜的放大倍数达到 2000 倍左右时，就不能再提高了。

275 为什么电子显微镜能把物像放大百万倍？

电子波可替代光线来观察物体。电子带负电，当它被高压正电所吸引而产生运动时，就具有光线的波动性。正电压越高，电子运动的速度越快，它的波长就越短。当高压正电是 5 万伏时，电子波的波长只有可见光波长的十万到十八万分之一，所以利用电子波原理制造的显微镜，其放大倍数可达百万倍以上。电子显微镜的工作原理是：以电子束为照明源，通过电子流对样品的透射或反射及电磁透镜的多级放大后，在荧光屏上成像。

276 显微镜和望远镜的主要区别在哪里？

显微镜和望远镜都是由两组凸透镜组成的，都叫作物镜和目镜，但彼此具有不同的地方。显微镜的物镜，物距在一倍焦距和两倍焦距之间，成倒立放大的实像，作用是对物体进行一次放大。望远镜的物镜，物距在二倍焦距以外，成倒立缩小的实像，作用是把远处的物体与眼睛的距离拉近，而两者的目镜作用都一样，起着放大镜的作用。

| 望远镜

146

277 照相机为什么能照相？

照相机前端装有镜头（相当于一块凸透镜），中间为设有快门的暗箱，后端放有感光胶片。工作时，镜头把被摄景物成像在感光胶片的位置上，通过调整照相机光圈的大小和控制快门的启闭，使胶片曝光。感光胶片发生光化反应，形成潜影。曝光后的胶片经过显影、定影等冲洗工序，将不可见的潜影变成可见的影像，但这时得到的是和原景物明暗相反或色彩互补的负像。负像最后经过印像或放大后，得到和原景物相一致的正像。

278 数码相机为什么不用胶卷？

数码相机拍照，也是通过镜头和快门摄取景物的。普通相机是利用涂有感光剂的胶卷成像的，而数码相机不同，它利用的是电子式的影像感测器。由于电子影像感测器会直接把景物反射的光线转变为数码信号，储存在存储器中，所以数码相机不需要胶卷，只使用快闪储存卡就可以了。

²⁷⁹为什么傻瓜相机不用调焦就能清晰照相？

傻瓜相机也有光圈和快门，只不过它们都安装在机身里。傻瓜相机内部增加了一些电子、机械设备，它们可以根据光线的明暗程度自动调整光圈、快门，不需要人工调节。所以，傻瓜相机能自动聚焦，不需要手动调焦，拍出的照片一样很清晰。

²⁸⁰为什么摄像机摄像时不需要对焦和曝光？

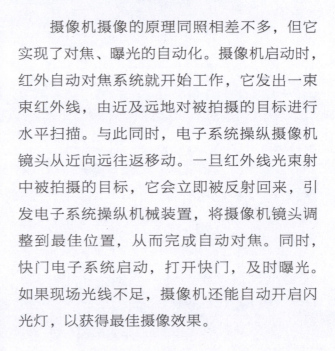

摄像机摄像的原理同照相差不多，但它实现了对焦、曝光的自动化。摄像机启动时，红外自动对焦系统就开始工作，它发出一束束红外线，由近及远地对被拍摄的目标进行水平扫描。与此同时，电子系统操纵摄像机镜头从近向远往返移动。一旦红外线光束射中被拍摄的目标，它会立即被反射回来，引发电子系统操纵机械装置，将摄像机镜头调整到最佳位置，从而完成自动对焦。同时，快门电子系统启动，打开快门，及时曝光。如果现场光线不足，摄像机还能自动开启闪光灯，以获得最佳摄像效果。

²⁸¹电视机为什么可以显示彩色图像?

　　现今,市场上电视机的种类很多,有普通彩电(CRT 彩电)、等离子彩电、液晶彩电等。普通彩电采用显像管显示器,其原理是由灯丝加热显像管阴极,使阴极发射电子,电子束在阳极高压的作用下以极高的速度轰击荧光屏上的红、绿、蓝荧光粉,使之发光发色,显出图像。等离子电视是利用惰性气体的电子放电,产生紫外线激发屏幕上涂布的红、绿、蓝荧光粉,使之呈现各种彩色光点的画面。液晶电视采用背光照亮的被动发光模式,液晶材料在电压作用下,其中的液晶分子出现定向移动,让光透过液晶材料,再经过三色滤色片,就出现了彩色影像。

282 无线电视和有线电视有什么区别？

　　有线电视与无线电视在信号传播方式上不同。无线电视以开路方式发射电视信号，电磁波经空间传递到四面八方。它的特点是信号容易受干扰，但覆盖面广。有线电视采取闭路传输方式，以电缆、光缆为主要传输媒介，直接向用户传送电视节目。它的特点是信号稳定清晰，且节目数量众多。

283 什么是数字电视？

　　数字电视是指从电视信号的采集、编辑到传播、接收整个广播链路数字化的数字电视系统。数字电视具有图像更加逼真、色彩更加自然、音响效果也更加具有现场感的特点，因此，它已成为电视发展的主流方向。至 2020 年底，我国已全面进入数字电视时代。

284 为什么电影、电视的画面看起来是动态的？

电影或电视的节目都是一帧帧拍下来的，然而这些画面在播放时看起来却是动态的。原来，这都是人眼的"视觉暂留"特性造成的。人的眼睛看到一幅画或一个物体后，这个画面在1/24秒内不会消失。利用这一原理，当一帧画面尚未从人眼内消失前播放出下一帧画面，就会造成一种流畅的视觉变化效果。因此，电影采用了每秒24帧画面的速度拍摄和播放，电视则采用每秒25帧（PAL制）或30帧（NSTC制）画面的速度拍摄和播放。如果以每秒低于24帧画面的速度拍摄和播放，画面看起来就会出现停顿现象。

285 看立体电影为什么要戴眼镜？

立体电影是利用人双眼的视觉差拍摄而成的电影。当人们看物体时，由于两眼观察角度的不同，看到的同一物体略有差别，因而产生立体感。立体电影利用一左一右两架摄像机同时拍摄同一景物，放映时将两个影像同时投射到银幕上。观众观看立体电影时需戴上特制的眼镜，左眼的镜片只允许左方摄像机的影像通过，而右眼的镜片只允许右方摄像机的影像通过，于是眼前就会出现立体效果。

286 什么是全息技术？

　　全息技术是利用光的干涉和衍射原理，实现真实的三维图像的记录和再现的技术，该图像称为全息图。与其他三维图像不一样的是，全息图提供了视差，使得观察者可以通过前后、左右和上下的移动来观察图像，仿佛图像是三维立体的一般。

287 全息图是如何拍摄出来的？

　　全息摄影采用激光作为照明光源，并将光源发出的光分为两束：一束直接射向感光片，另一束经被摄物反射后再射向感光片。两束光在感光片上叠加产生干涉，感光底片上各点的感光程度不仅随强度的不同，也随两束光的位相关系的不同而不同。记录着干涉条纹的感光底片经过显影、定影等程序处理后，便成为一张全息图，或称全息照片。人眼直接去看全息图，只能看到像指纹一样的干涉条纹。只有用激光去照射，人眼才能看到与被拍摄物体完全相同的三维立体像。

152

288 电话是怎样传递声音的？

　　电话机上都有送话器、受话器、按键或拨号盘以及相应的电路。先将用户的电话号码通过按键或者拨号盘送出，如果听到回铃音，则表示已拨通被叫用户的电话了。对方用户听到振铃音以后接起电话，这时两个人就能通话了。发话人对着送话器讲话时，人的声带会上下振动，从而激起周围空气也产生振动，形成声波。声波作用于送话器上，使送话器内的电路上产生相应的电流变动，形成话流。而话流会沿电话线路传送，最终到达对方的受话器。对方的受话器接收到话流后，再把话流还原成声振动，也就是声波，传到接听者的耳朵里，接听者就听到发话人的讲话声了。

289 有时电话里为什么会出现广播声？

一些架设在空中的电话线，由于长期经受风吹日晒，接头处会发生氧化。氧化层对广播电台的信号能起到"检波"的作用，会将广播电台的音频信号"检"出来，所以我们在电话中就能听见广播声了。另外，如果电话线和暖气管道距离过近，或电话机装在了广播电台的强电磁场地区，我们在电话里也会听到广播的声音。

290 打电话的声音越大就越清楚吗？

其实，并不是打电话的声音越大，对方就听得越清楚。原来，用正常的声音打电话时，送话器中的振动薄膜会振动得很协调，对方听到的声音就会很清晰。如果说话声音过大，作用在送话器振动薄膜上的声压超过了正常范围，话音信号就会变形，对方反而听不清了。

291 为什么一条电话线可以通多部电话？

　　如果让一部电话用一条电话线，那么铺设线路的成本就会很昂贵，而且这么做太浪费。后来，载波电话机的发明解决了这一矛盾。载波电话机利用类似于铁路运输货物的方式，把不同的电话信号分别装载（调制）在不同频率的高频信号上，送上电话线路进行传输。信号到达对方后，接收端把所需的话音信号从相应的载波频率上搬卸（解调）下来，恢复原貌，传送给受话人。这种把话音信号通过变频处理，在一条线上同时传送多路的方式，叫作载波通信。一根载波通信的同轴电缆，最多可以开通 4380 路电话。随着通信技术的发展，载波通信已被光纤通信取代。在一根比头发丝还细的光纤上，可以同时传输几万路语言信号呢。

292 为什么无绳电话没有线也能通话?

无绳电话俗称子母机,是一种短距离移动电话,由固定机和移动机两部分组成。由于是通过无线电收发讯号来接通电话的,所以无绳电话没有绳也可以通话。当固定机收到电话线路传来的话音后,就由机内的发射机发射到移动机的接收部分,最后由移动机内的扬声器传出。移动机的回话由移动机的话筒传入后,转变成无线电发射回来,被固定机接收,再经电话线路传到对方。这样,移动机的电话便接通了。

293 你知道卫星电话吗?

卫星电话是一种新型的通信工具,由通信卫星、发送设备和地面接收设备三部分组成。发送设备把各种信息载到电磁波上,发送到通信卫星上,接收设备再将从通信卫星接收到的各种信息从电磁波里分离出来,这样我们就可以接通地球上任意两地间的卫星电话了。

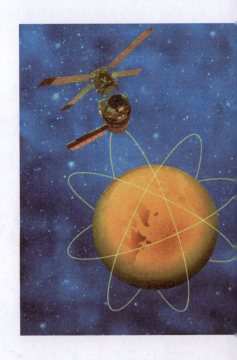

294 移动通信为什么要用"蜂窝"网？

　　移动通信的特点就是用户是移动的。移动通信所用的频率为 900 ~ 1800 兆赫，属微波段。为了保证在移动中信号不中断，每间隔一段距离就需要建设一座基站。每个基站发射、接收信号的范围是有限的，一般在 10 千米左右。为了保证覆盖范围内任何一处手机都能与某一基站建立信号联系，所以基站要像"蜂窝"一样分布。尽管微波在发射天线四周是呈圆形分布的，不会真的像"蜂窝"那样呈六边形，但由于相邻基站的信号会在边缘处发生重叠，这使得整个网络看起来就像"蜂窝"一样分布，因此被称为蜂窝状网。

295 为什么使用移动电话时会突然中断或话音不清？

移动通信网存在通信"盲区"。通信"盲区"是指微波被山丘、树木和建筑物阻挡、反射，以致这个区域的通信信号变弱，甚至收不到信号。另外，由于移动通信网自身的一些原因，也导致有些地方收不到信号。当正在使用中的移动电话进入盲区时，就会出现话音不清或突然中断的现象。

296 为什么在火车上不能收听广播，却能打手机？

这与广播和手机各自所使用的电磁波不同有关。广播电台发射的电磁波属于中短波，波长较长，频率较低，具有一定的绕射能力，但因为频率低，穿透能力弱，遇到金属会被屏蔽而无法传播。火车车厢是用金属材料制造的，因此广播电台的信号就被屏蔽掉了。移动电话所用的电磁波，频率在 900 兆赫兹以上，属于高频率波，虽然绕射能力差，但穿透能力很强，可以穿过车厢，通话自然也就不成问题了。

297 乘飞机时为什么不能使用移动电话？

　　飞机飞行的整个过程，都受到地面航空管理人员的控制和指挥，而飞机上所有的导航和通信设备，都是利用电磁波工作的；移动电话的通信也是通过电磁波的传递完成的。如果两者电磁波的频率相接近，那么就会对飞机的导航、操作系统产生干扰，严重时还会引发空难。

298 为什么在加油站不能使用手机？

　　手机作为一种移动通信工具，发射出的电磁波能使接收电磁波的天线感应产生射频电流。当射频电流在金属导体间环流时，遇到锈蚀或接触不良，就会产生射频火花。当这种射频火花大于 6 毫瓦并持续 1 微秒以上时，其能量便足以引燃油蒸气与空气的混合气体。在加油站内，由于要不断地给车辆加油，空气中必然存在着一定浓度的油蒸气，因此一定不能使用手机。

²⁹⁹智能手机是怎么回事？

相比从前的移动电话（普通手机），智能手机更像一台微型的个人电脑。它拥有独立的操作系统，可以运行机主自行安装的多种 APP 软件（手机软件）；装有高清摄像头，可以实现拍照、摄像、录音、图像处理等多种多媒体功能；可以接入移动通信网络或无线网络，完成网页浏览、文字或音视频聊天、在线视频观看、在线游戏、网络购物等多种互联网信息操作。总之，功能十分强大。

³⁰⁰什么是全球定位系统？

全球定位系统，英文简称 GPS，简单地说，就是一个由覆盖全球的 24 颗卫星组成的卫星系统。这个系统可以保证在任意时刻，地球上任意一点，都可以同时观测到 4 颗卫星，以保证卫星可以采集到该观测点的经纬度和高度，以便实现导航、定位、授时等功能。这项技术可以用来引导飞机、船舶、车辆以及个人，安全、准确地沿着选定的路线，准时到达目的地。目前，与其有着相似功能的中国北斗卫星导航系统也已建成并投入使用。

³⁰¹ 为什么图文传真机能传送图片文字？

现在的传真机不仅可以传送文字还可以传送图片，是因为它的发送设备中有一个光电管，通过光电转换把图文的深浅颜色转换成相应强度的电流信号,由电话线路传过去。等到接收后，再经过光电转换把信号还原成图文，通过显示设备就可以清晰地复印出来了。

³⁰² 信用卡结账是怎么回事？

现在，我们出去购物时，身上不必带很多现金，可以选择多种结账方式，比如用信用卡结账。用信用卡付款时，售货员会把卡放在磁卡阅读器上刷一下，持卡人只需输入密码就可以了。钱是怎么付出去的呢？原来，磁卡阅读器会阅读磁条上的一些资料，然后再通过网络将资料信息传到中央电脑，中央电脑核对信息后同意支付，钱就支付成功了。

0 21200 9781⁵

303 条形码有什么用处？

我们在买东西的时候，总会发现商品的包装上有一组黑白相间、宽窄不等的条纹，下面还有一组数字，这就是条形码。条形码就像商品的身份证，记录着商品的有关信息，如名称、产地、规格、价格等。在销售商品的时候，只要将条形码在条形码光电阅读器上扫描一下，商品的信息就全部显示出来了，使统计、结算等工作变得既准确又快捷。

304 计算机是怎样识别条形码的？

要将按照一定规则编译出来的条形码转换成有意义的信息，需要经历扫描和译码两个过程。物体的颜色由它所反射的光的类型决定，白色物体能反射各种波长的可见光，黑色物体则吸收各种波长的可见光。所以，当条形码扫描仪光源发出的光在条形码上反射后，反射光照射到条形码扫描仪内部的光电转换器上，光电转换器根据强弱不同的反射光信号，转换成相应的电信号，电信号再经译码器转换成一组数字信息。最后，由计算机系统对这组信息进行数据处理与管理，物品的详细信息便会显示在屏幕上了。

305 计算机是如何工作的？

不论是什么类型的计算机，都是由硬件和软件组成，两者是不可分割的。可靠的计算机硬件如同一个人强健的身体，有效的软件如同一个人聪颖的思维。计算机工作时，是把硬盘（或其他存储器）的数据调到内存中去工作，工作是由CPU（中央处理器）来完成的，内存只起暂时存取数据的作用。人们想要计算机来完成某项工作，还离不开软件。操作系统是软件资源中最基本的组成部分之一，它协调系统内的各项资源有序地进行工作，就好像一个管理者。应用软件可以辅助操作者完成一系列特定的工作。

306 电脑能代替人脑吗？

计算机又叫电脑，它每秒可以进行上亿次运算，且准确无误；信息存储量极大，且不知疲劳。但不管怎么说，它也只是一部机器，只能将人类用语言表达的东西编成程序后，按规则运转。人脑中还有许多不能用语言表达的东西，比如灵感、直觉、经验等，都是"只可意会，不可言传"的，即使再先进的电脑也无法掌控。所以，电脑是无论如何也不能取代人脑的。

307 计算机断电后，为何它的时钟仍能继续工作？

计算机的时钟不受关机或断电的影响，这是由于计算机的内部装有一块可以充电的镍镉电池的缘故。当电源断掉以后，这块镍镉电池可以为计算机中一些不能断电的部件供电，其中就包括计算机的时钟。所以，断电后再打开计算机，是不会影响时钟工作的。

308 为什么电脑键盘上的字母不按顺序排列？

最初，打字机的键盘是按照字母顺序排列的，但如果打字速度过快，某些键的组合很容易出现卡键问题，于是美国人克里斯托夫·拉森·肖尔斯于 1868 年发明了 QWERTY 键盘布局。他将最常用的几个字母安置在相反方向上，最大限度地放慢敲键速度，以避免卡键。后来，这一键盘模式被一直沿用下来，直到今天。

309 电脑触摸屏是怎样工作的？

我们在一些公共场所经常看到没有键盘的电脑，只要依据菜单用手指轻轻点一下，就能出现想要打开的页面，这就是电脑触摸屏。其工作原理是：在屏幕表面有一层触摸传输介质，当手指触摸屏幕时，被触摸部位四周电容发生变化，这一变化信号被送入电脑，再由电脑软件转换成指令，就可以执行操作程序了。

310 为什么游戏机的光电枪能击中屏幕上的目标？

　　和我们想象的不同，光电枪不会射出光线，只能接收光线。当你瞄准并扣动扳机时，光电枪就输出一个电信号，通过导线传给游戏机。游戏软件就给电视或游戏机显示屏发送一个信号，让屏幕瞬间变为黑白的，目标是白色的，其他地方都是黑色的。然后，光电枪通过接收屏幕发出的光，识别射中的是白色区还是黑色区，这样就能确定是否打中目标。由于黑白屏出现只在一瞬间，所以人眼感觉不出来。

311 什么是"防火墙"？

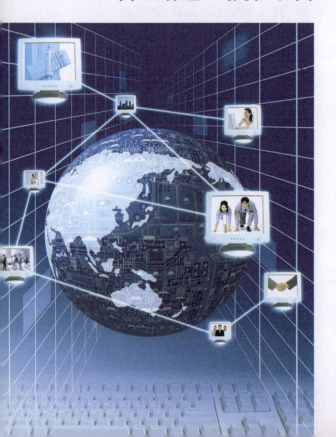

　　"防火墙"就是一个位于计算机和它所连接的网络之间的软件，用来分割网域，过滤传送和接收的资料，以及防止非法入侵。"防火墙"通过检验信息流，确保匹配的数据流进"防火墙"，把不匹配的信息挡在"防火墙"外。这样做保证了计算机获得信息的安全性。

³¹²什么是计算机病毒？

　　计算机病毒和入侵人体的病毒可不一样，它实际上是一种计算机程序，能破坏计算机正常程序的原有功能，还可以自行复制，然后通过网络传播到其他的计算机上。另外，它还有一定的潜伏期，就是说它可以先潜伏在计算机中不发作，到了一定的条件下再发作。它的这些特点和人体中的生物病毒有点类似，所以它被称为计算机病毒。

³¹³什么叫多媒体？

多媒体就是将计算机、电视机、录像机、录音机、游戏机等技术融为一体，形成一种电脑可以与人相互交流的操作环境。比如，看电视、电影时我们只能欣赏，而在多媒体上，从声音到画面都可以随意修改，甚至还可以改变剧情，或自己参与其中呢！多媒体技术集多种先进技术于一体，为人们的生活提供了方便。

314 什么是 DVD？

　　DVD 的英文全名是 Digital Video Disk，即数字视频光盘或数字影盘。它利用特定压缩技术来储存影像，集计算机技术、光学记录技术和影视技术等于一体，其目的是满足人们对大存储容量、高性能存储媒体的需求。DVD 在电子制造业通常是指 DVD Player，即 DVD 播放机，俗称为碟机。

315 为什么 DVD 光盘比 VCD、CD 光盘的容量都大？

　　DVD、VCD、CD 光盘的大小尺寸都一样，直径为 12 厘米。而且从技术角度看，CD、VCD 和 DVD 光盘一样，均是将数据存储在光盘轨道中的凹槽内，然后通过激光束来读取。随着轨道密度的增加及使用的激光束波长越来越短，光盘的存储容量呈倍数增长。以前的 CD 光盘及 VCD 光盘只能进行单面数据存储，现在的 DVD 光盘不仅可以进行单面存储，而且可以进行双层储存，最高版本的达到双面双层，共四层储存空间。一张普通单面 DVD 光盘的存储量为 4.7GB，大约是一张普通 VCD 容量(640MB)的 7 倍。而四层 DVD 可以将存储空间扩大到 8.5GB。

³¹⁶因特网是干什么用的？

　　因特网（Internet）又叫国际互联网，是将全球近百个国家的数亿台电脑连在一起，且拥有上亿个用户的通信网。网内的每一个用户都要遵循共同的计算机通信协议，彼此交织成网络，实现资源共享。因特网为人们交换信息提供了便捷的途径，现在人们几乎离不开它了。

³¹⁷主页指什么？

　　进入网站时，所看到的第一页网页就是主页。主页就像是一本书的封面，所以每个网站都会尽力把自己的主页做得精美，且能突出自己的特色。主页还像一个大目录，当你看到自己感兴趣的栏目时，只要一点击，就可自动链接到另外一个页面，让你看到更详尽的内容。

170

318 "伊妹儿"指什么?

"伊妹儿"是人们对电子邮件(E-mail)的昵称。发送电子邮件要在因特网上进行。因特网采用"存储转发"的方式传递电子邮件,发送者所发送的邮件先经因特网提交,之后再储存在发信人的服务器上。服务器再根据邮件地址,将邮件传送并存储到收件人的服务器上。这样,收信人只要打开电子信箱,就可以收看来信了。

319 微信是做什么用的?

从"微信"的字面意思就可以简单地解读微信——简短微小的信息。微信是腾讯公司于 2011 年推出的一款免费的社交应用程序,便于所有使用智能终端设备如智能手机、平板电脑等的用户进行通信和信息交流。该程序支持语音、视频、图片和文字短信,同时还提供了一系列服务插件,包括大家都刷的朋友圈,以及扫一扫二维码就能付钱的微信电子钱包,等等。

320 机器人是无所不能的吗？

机器人并非科技电影中那种无所不能的超人，而是一些具有人工智能的计算机系统。它们的外形各式各样，是根据具体要求设计的。随着科技的发展，机器人也在不断发展之中。一些机器人能够代替人们做一些比较危险的工作和繁重的体力劳动。不久的将来，机器人的功能会更加完善，能够帮助人们做更多的事情。

321 机器人也有感觉吗？

机器人也像人一样，能感觉到距离、冷暖、味道等。原来，机器人身上装有传感器，如触觉传感器、视觉传感器、声敏传感器、光敏传感器等。这些传感器能将外部信息传递给机器人体内的计算机，由计算机来处理，这样机器人就变得有感觉啦！

322 机器人为什么会有各种"特异功能"？

机器人是人创造的，但许多机器人却有着常人所不具备的"特异功能"。它们有的可以像猫头鹰那样在黑夜中观测物体，有的可以潜到数千米深的海洋里进行深海作业，还有的甚至能钻到人体内进行诊疗……其实，机器人的许多"特异功能"都是现代科学技术的结晶，科学家们根据不同的需要对机器人进行了特殊的设计和创造，才使机器人具有常人难以达到的"特异功能"。

机器人的出现使人类的工作更加便捷，相信不久的将来，机器人的应用会更加普遍。

323 机器人也会"生病"吗？

机器人也会"生病"，而且"生病"了就不能工作，这是它们的内部装置出现故障的缘故。另外，机器人的控制系统也十分复杂，有些类似于人体的大脑，十分脆弱，一旦受到损坏或干扰，机器人可能就会动弹不得。

图书在版编目（CIP）数据

你不可不知的十万个科学之谜 / 禹田编著 . 一昆明：
晨光出版社，2022.3
ISBN 978-7-5715-1318-4

Ⅰ. ①你… Ⅱ. ①禹… Ⅲ. ①科学知识 – 少儿读物
Ⅳ. ① Z228.1

中国版本图书馆 CIP 数据核字（2021）第 222263 号

NI BUKE BUZHI DE SHIWAN GE KEXUE ZHI MI

你不可不知的十万个科学之谜

禹田 / 编著

出 版 人　杨旭恒

选题策划　禹田文化
项目统筹　孙淑婧
责任编辑　李 政　　常颖雯
项目编辑　石翔宇
装帧设计　尾 巴
内文设计　常 跃

出　　版　云南出版集团　晨光出版社
地　　址　昆明市环城西路 609 号新闻出版大楼
邮　　编　650034
发行电话　（010）88356856　88356858
印　　刷　宝蕾元仁浩（天津）印刷有限公司
经　　销　各地新华书店
版　　次　2022 年 3 月第 1 版
印　　次　2022 年 3 月第 1 次印刷
开　　本　170mm×250mm　16 开
印　　张　11.25
字　　数　135 千字
I S B N　978-7-5715-1318-4
定　　价　29.80 元